# 風は思いのままに

## 聖書黙想31日

山本将信

日本キリスト教団出版局

牧会の傍らに農作業にいそしむ著者。

# 主は霊です

「ここでいう主とは、〝霊〟のことですが、主の霊のおられるところに自由があります」

（コリントの信徒への手紙二　3章17節）

主は霊です。風が種を遠くに運ぶように、霊は信頼と希望と愛を運ぶ風です。

主は霊です。主の霊が吹き過ぎてゆくとき、自由の香りを運んで来るのです。この香りを胸一杯に深呼吸した人の心は、神の国という花の咲いていることを知り、神の国の収穫が近いことを予感して力を得ます。

主は霊です。主は私たちに息吹きを吹き入れる息です。

主は霊です。その霊は息苦しい思いから私たちを解き放ちます。主の霊があるところには自由があります。

主は霊です。この自由の風は思いのままに吹きます。風に戸を立てることはできません。確かに罪は風通しを悪くすることはできます。サッシにして寒さを防いでも、結局は窓を開けざるを得なくなります。自分の息で、悪くなった空気に苦しくなるからです。遂には風は思いのままに吹き込んでくるのです。

主は霊です。教会はこの世の窓です。主の霊の風が自由を吹き入れる窓となっていなければなりません。風はいつも心地良いばかりとは限りません。「寒いから窓を閉めろ」と言われ、「風邪を引くから窓を閉めろ」と非難されることもありましょう。「ほこりが入るから窓を開けるな」とも言われるでしょう。しかし窓のない家はありません。その窓から光も風も入るのです。

主は霊です。教会は自由の窓であり、光を採り入れる天窓なのです。また、そうでなければなりません。

山本　将信

もくじ

主は霊です　3

【凡例】文中の聖句は初出時のままとし、口語訳聖書と新共同訳聖書を用いた。
引用文の内容確認ができないものは、初出時のママとした。
その他、可能なかぎり著者の表現を残した。

# 聖書黙想31日

# 1.

## 真理の体得

もしわたしの言葉のうちにとどまっておるなら、あなたがたは、
ほんとうにわたしの弟子なのである。また真理を知るであろう。
そして真理は、あなたがたに自由を得させるであろう。

ヨハネによる福音書8章31～32節

私たちは多くの場合、真理を知的に理解してきたし、それはあながち間違いとはいえないでしょう。けれども真理は肉体的に把握されるべきであることを忘れてはなりません。肉体的にというのは、身体によって理解するということです。キリストの弟子となることによって真理を知ると聖書は語っています。弟子というのは主人の言うことに従うことによって、主人の言っていることを体得する者です。体得しない弟子は良い弟子とは言えません。

私がタイプライター修理の見習工であった時、私の兄弟子が「このような仕事は結局理屈で覚えるものじゃない。体得しなきゃだめだ」とよく言っていました。もちろん機械の仕組みはよく知らなければなりませんが（仕組みそのものを覚えるのはそんなにむずかしくない）、それ以上に重要なのは、やはり兄弟子のやるのをよく見て、そして自分もドライバーをにぎって修理を試み、そのコツを体得することです。「筋肉に教え込む」ということがあるものです。

主イエスは、その意味では職人の親方のような教え方をなさいました。まず教室で原理を覚えさせていくという教師ではなく、何も教えないまま、とにかく連れて歩くということから弟子の教育を始め、事があるごとに具体的に真理を体得させられたのです。

ですから私たちはキリストの真理を知るためには、職人の弟子のように体得しなければなりません。親方の言ったとおりにとにかくまねてみる職人のように、キリストが命じられるように、間違ってもいいからやってみなければなりません。そして失敗を繰り返して、「自由を得させる真理」を体得する以外にコツはないように思います。

要するに親方のまねからすべてが始まります。

こうして身体に教え込んだものが「いざ」という時に役立つものです。身体に教え込んでいないものは「いざ」という時に役立ちません。キリストの言葉にとどまるというのは、要するに十分に納得しないままでもとにかく自分なりにまねてみることを意味しているのではないでしょうか。

# 1日　真理の体得

# 2.

# クリスマスの星

見よ、彼らが東方で見た星が、彼らより先に進んで、幼な子のいる所まで行き、その上にとどまった。彼らはその星を見て、非常な喜びにあふれた。

マタイによる福音書2章9〜10節

私は一八歳の時に洗礼を受けました。それ以来、迎えてきたクリスマスの印象は濃淡さまざまで、思い出すこともできないクリスマスも、その細部に至るまで思い出すことのできる強い印象を持ったクリスマスもあります。

私にとって忘れることのできないクリスマスの一つは受洗して二年目のことですから、一九五七年（昭和三二年）のことです。何も劇的なことが起こったのではありませんが、私の心に起こったことは劇的だったのです。

その頃、私は二年近くの結核療養所の生活（療養中に受洗したのです）を終えた極貧の病みあがりの職工でした。大阪のタイプ修理店に復職後、しばらくして、教会に行くことはやめていました。キリスト教への疑問と反感はつのっていたのです。

師走《しわす》に入って仕事は忙しくなり、自転車に乗って大阪の街を走りまわっていましたが、心は寒々として空虚な風が吹き抜けていました。芦屋にあった会社の寮の六畳に五人が寝起きしていました。猥雑な会話やつけっぱなしのラジオから流れる流行歌を聞きながら眠りにつく時、「このまま朝が来なければよい」と切ない思いで考え、そうするてだてを本気で考えたものです。ですから朝の到来は呪いの到来でした。孤独感に耐えかね、一一月のある日曜日、電車から見える香櫨園《こうろえん》駅近くの小さなルーテル教会に行ったのです。何度目か訪ねた時、若い伝道師が宝塚沿線にある刀根山療養所に入っている若い女性の見舞いに行くが来ないかとさそってくれました。どうしてさそわれ、どうして同伴する気になったかは記憶にないのです。

三〇歳に近い美しい方でした。一八歳の頃から結核でベッドに寝たきりだと言っておられました。重症の結核患者の大部屋は独特の暗さが重くのしかかっています。沈むのが早い冬の日差しは西に傾き、部屋は薄暗くなっていましたが、その方の笑みの明るさは暗さの中に輝いており、枕元にはすり切れた一冊の聖書が置いてありました。その方がぽつりぽつりと語られた言葉は今でも耳に響いています。

自分は青春をベッドの上で過ごしたこと、何度も自殺を考えたことなどを語り、こう言われたのです。「今は生きていることを感謝しています。眠る時『神さま、みこころならば明日を与えてください』と祈ります。そして目覚めると、ああまだ生きていたんだとうれしくなります」。

毎日が空虚で生きることにあえいでいた私はその言葉が信じられず、生きることにどんな楽しみがあるかと聞いたように覚えています。そうするとベッドから見える窓に目をやりながら、「庭の木や空や、訪れる小鳥は毎日変わるんですよ。小さな芽が成長して葉となり、花が咲いてそれが散ると小さな実ができ、大きな柿になるんです」と、庭の出来事を驚きと喜びをもって一つ一つ説明されました。それだけの会話でした。

米軍の払い下げのジャンパーの衿を立て、寒さに小きざみに震えながら帰りましたが、心は燃えました。あの方をあのように生かした御力がある。その御力に自分も会いたいと思いました。その夜、仲間の猥らな冗談を聞き流して万年床に横になりながら、「ここを出よう」と決心しました。そして庭に出て星空を見上げて「神さま」と声を出して祈りましたが、言葉がつかえ、星が目ににじんでしまいました。それがその時の私のクリスマスでした。

あの女性は私にとって三人の博士を導いた星でした。上京して小さな聖書学校に入ったのは翌年の五月のことです。

# 3.

## 食え、飲め、楽しめ

「……そして自分の魂に言おう。たましいよ、おまえには長年分の食糧がたくさんたくわえてある。さあ安心せよ、食え、飲め、楽しめ」。すると神が彼に言われた、「愚かな者よ、あなたの魂は今夜のうちにも取り去られるであろう。そしたら、あなたが用意した物は、だれのものになるのか」。自分のために宝を積んで神に対して富まない者は、これと同じである。……それだから、あなたがたに言っておく。何を食べようかと、命のことで思いわずらい、何を着ようかとからだのことで思いわずらうな。

ルカによる福音書12章19〜22節

この聖句は、ある人が、遺産相続のトラブルを主イエスのところに持ち込んで、調停を依頼したことに端を発して語られています。主イエスが権利問題に対して無関心であったとは考えられません。この遺産相続でそのいずれの言い分が正当であるにしても、兄弟が遺産をめぐって争うこと自体が、貪欲にからめとられていることを主イエスは見出しておられます。遺産相続において正当な権利を主張することで相争うことは、たとえ罪ではなくとも賢明ではない、と。

主イエスはたとえをもって語られます。「たとえ、たくさんの物を持っていても、人ののちは持ち物にはよらないのだ」と。一生食べるのに困らない資産があったらどんなにいいだろうかと考えたことのない人はいないでしょう。生活の心配をする必要がなければ、好きなことが自由にでき、人への奉仕のために十分に時間が取れるだろうにと考えたことはないでしょうか。この思いが実現したとしても、主イエスによれば「愚かなことの実現」にすぎません。

ある金持ちがいました。そしてその金持ちの畑が豊作であり、そのために長年分の生活の資産ができました。手ずから働いた畑がいかに豊作であっても「長年分」の資産などできるはずもないのですから、おそらく彼は地主だったのでしょう。

この金持ちの「愚かさ」はどこにあったのでしょうか。第一に「わたしの」という思いへの執着にあります。この金持ちの特徴的言葉は「わたしの」という言葉の連続です。「わたしの作物」「わたしの倉」「自分の魂」と連続しています。授かっている賜物という意識がありません。究極的には私たちに「わたしのもの」と言い得るものは何一つとしてないのです。この過剰な所有意識は、ついには非常に侵略的態度に転化します。侵略戦争が侵略意識を持ってなされるわけではないことが実証しています。

第二の愚かさは、自分のいのちをその持ち物によって長年分安全にすることができたと思い込んでいるところにあります。私たちは、本質的には死刑囚のように生きています。一日一日を授かって生きているのであり、長年分を保証されているわけではありません。荒れ野を歩んだイスラエルの民がマナを一日分だけ与えられて、二日分とは与えられなかったように、です。

第三の愚かさは、資産の長年分をあてにして、「さあ安心せよ、食え、飲め、楽しめ」と言っているところです。長年分の資産があったために、この人に「食い、飲み、楽しむ」だけしか残されておらず、それが幸福な状態だと考えているとすれば、それこそ悲惨なことです。逆に、このように長年分の資産がないために、「食い、飲み、楽しむ」ことができない不幸な状態に今いると考えるならば、そのことも不幸なことだと言えないでしょうか。

明日の不安を含めて、今日私たちが苦労しているとすれば、その当座はそうは思われなくとも、それは幸せなことなのかもしれません。苦労はさせられているのではなく、神さまによってさせていただいているのだと思います。

主イエスはおっしゃいます。「一日の苦労は、その日一日だけで十分である」（マタイ6・34）。一日の苦労の十分さを主が教えられる時、一日の充実ということを含めておられたように思われます。「食い、飲み、楽しむ」ことが否定されているのではなく、この言葉を持ち物からではなく神さまから聞く時、貧しくとも、その貧しい食卓を前に「楽しめ」という命令と慰めを私たちは聞くのです。

# 4.

# 終わりから語る

それから、自分たちの中でだれがいちばん偉いだろうかと言って、
争論が彼らの間に、起った。

ルカによる福音書22章24節

主イエスと弟子たちとのこのやりとりは、最後の晩餐の席上で行われています。弟子たちはのちになって、自分たちは何ととぼけた争論をしていたことかとあきれはてながら思い起こしたことでしょう。最後の晩餐だったというのに……。落ち着いて考えてみれば、主イエスは厳粛な覚悟と憂いを全身で、とりわけ言葉で明らかにされていたというのに……。誰がいちばん偉いかなどといったとぼけた争論にうつつを抜かしていたとは！

ちょうどそれは、倒産に瀕した会社の重役会議が功績争いと地位の争奪に明け暮れているようなものです。悲劇的喜劇と言うべきか、喜劇的悲劇と言うべきか。そんな彼らは、事態が明白になった暁には、責任からの遁走の機会ばかりを狙う輩《やから》になり下がること必定です。

かつて聖餐にあずかる式文を聞き、「主を味わうべし」を「死を味わうべし」と聞き違えていました（現行の口語式文では、「キリストを味わうべきであります」となっています）。文脈から言って「主」を「死」と聞き違えるとはおかしな話です。ですが私は、聖餐式においてキリストの肉と血とにあずかるのに際して、自分の死を覚えて思いめぐらす厳かな緊張を感じたものです。ある時これが誤解であることを知りましたが、主の晩餐にあずかるのに際して「死を味わう」ことが、あながち無意味な誤解だったとは思えません。

聖書が私たちにとって挑戦的なのは「終わりから語りかける」ということにあるのではないでしょうか。これを空間的に表現すれば、「上から語る」ことになります。神の言葉による上からの啓示に人間とその世界が照らし出される場合がこれに当たります。あるいは内容的に表現すれば「究極から語る」と言えます。「まず神の国と神の義とを求めなさい。そうすれば……」などの聖句がこれに対応しています。

普段私たちは成長、発展、進歩の発想の下で暮らしています。小は大に、少は多に、低は高に、遅は速にという方向こそが善であると考えています。これは青写真に基づく計画人生に具体化されます。これに対して聖書は逆方向から問いかけてくるのです。接近する終末の下で、お前はいかに生きるのか、と。

ヘレン・ケラーが「目の見える三日間」(*Three Days to See*)と題した随筆を書き、もし三日間だけ見える目が与えられたとしたらどう過ごすかと想像上の三日間を克明に記しています。これは漠然とした憧れなどではありません。三日間に託しての晴眼者に対する挑戦的問いかけです。またそれにとどまらず人間の生そのものに向けての鋭利な言葉による切り込みです。随筆の冒頭でこのように記しています。

「大部分の人々には、生きているのが当然で、いつかは死ぬとわかっていても、それは遠い未来のことです。健康な時、死は想像もできず、考えもしません。さかんな日々が果てしなく続くかに見えて、死は視界に入ってこないのです。だから、人生に対する自分の無頓着さに気づかず、つまらない仕事に打ち込むわけです」

今、自分が思い悩んでいることが、もし数か月後死ぬことになってもなお悩むに足る質を備えているでしょうか。今、誰が偉いかと争論し、功名争いに敗れて劣等感に打ちのめされていますが、死を前にしてもそれが情熱を傾け得る事柄でしょうか。今、冷ややかな喧嘩に心を乱していますが、明日その相手が死んでも後悔しないでしょうか。

「終わりから語る」御言葉の下で、「何が重要であるかの判別」を迫られます。

メメント・モリ！（死を覚えよ）

# 5.

## 慰めに満ちた神

神は、いかなる患難の中にいる時でもわたしたちを慰めて下さり、
また、わたしたち自身も、神に慰めていただくその慰めをもって、
あらゆる患難の中にある人々を慰めることができるようにして下
さるのである。

コリント人への第二の手紙1章4節

慰めとはなんでしょうか。それは苦痛を柔らげる慰安、つまり激痛を鎮めるひとときの鎮痛剤の類のものでしょうか。しばしば宗教的慰安はそのようなものであると考えられてきました。根本的解決にはなんら役立たないけれども、とにかく、鎮痛剤で時を稼ぐというわけです。人々が宗教に期待するのはせいぜいこの程度ではないでしょうか。この逃避的慰安が度重なるとまさしく麻薬的となり、「宗教は阿片《アヘン》」という定義が正鵠《せいこく》を射ます。

聖書の「慰め」の原語は「パラカレオー」と言います。パラ＝「かたわら」とカレオー＝「呼ぶ」の合成語です。辞典を紐解くと、①側へ呼ぶ・招く、②願う・助けを求める、③呼びかける・勧める・促す、④慰める・励ます、となっています。パウロ書簡などにおいて、しばしば「あなたがたに勧める」と呼びかけられますが、これが同じ言葉です。慰めるとはまさしく、招き、慰め、促す行為なのです。「生きる望みをさえ失って」（8節）しまった人を望みへと呼び出すことこそ慰めです。患難こそ人を神の傍らへ呼び出すのです。私たちはこの呼び出しによって救われるのです。

キリストの福音は、存在の意味への呼び出しです。この福音は貧困や飢えによって、また失業や差別によって人間的にも社会的にも失われた者を存在の意味へと呼び出すのです。罪によって、また高慢や怠慢、さまざまな失敗や挫折によって失われた者を神の傍らへ呼び出すのです。「それだから、キリストの力がわたしに宿るように、むしろ、喜んで自分の弱さを誇ろう。だから、わたしはキリストのためならば、弱さと、侮辱と、危機と、迫害と、行き詰まりとに甘んじよう。なぜなら、わたしが弱い時にこそ、わたしは強いからである」（12・9～10）とパウロが告白した時、彼は神の傍らで慰められたのです。

ある医師が感動的出来事を記しています。一人の有能で献身的な看護婦が病院で働いていましたが、彼女は再起不能の病気になってしまいました。看護婦という仕事を生き甲斐としていた彼女は再起不能の病気のせいばかりでなく、もはや生き甲斐としていた仕事に復帰できないということにすっかり絶望してしまいました。今や彼女は看護する身ではなく、看護される身となりました。その彼女の病床にキリスト者の友人が訪れ、絶望した彼女に語りかけたのです。

「あなたは今こそ絶望してはなりません。それはあなたが、数限りなく看護してきた病人たちに真の看護を今こそするためです」

「どうしてです。私はもはや再起できなくなってしまったのですよ」

「いいえ、そうではありません。もし今あなたが、看護の仕事ができなくなったといって絶望してしまったらどうなりますか。あなたは再起不能の病人を看護してきたのでしょう？　今あなたが再起不能のゆえに絶望してしまうことは、その病人たちの存在理由を否定することです。そしてあなたのなした看護の意味を失うことです。あなたは希望へと看護したのではなく、絶望へと看護したことになるのです。再起不能の中であなたが生きる意味を見い出せば、あなたのやってきた仕事が完成するのです」

彼女はこの言葉によって立ちなおりました。

「慰め」とは何かを実によく物語っています。生きる意味へと呼び出されることこそ慰めです。神は私たちを望みへと促してくださいます。こうして患難や苦痛、悲しみやつらさこそが神と人間を結ぶ絆となり、人間と人間とを真実に結ぶ絆となるのです。なぜならこの絆は「キリストの苦難」に結びつけられているからです。

# 6.

## メメント・モリ（死を覚えよ）

この朽ちるものが朽ちないものを着、この死ぬものが死なないものを着るとき、聖書に書いてある言葉が成就するのである。「死は勝利にのまれてしまった。死よ、おまえの勝利は、どこにあるのか。死よ、おまえのとげは、どこにあるのか」。

コリント人への第一の手紙15章54〜55節

この頃、死について切実に思いめぐらします。さまざまな死にめぐり会い、立ち会い、そして葬儀の司式をしてきました。牧師になって最初に出会ったのは小学四年生の少年の死でした。自殺した高校生の司式もありました。三六歳で夭逝《ようせい》された方の司式で、母親の悲嘆の前で言葉を失ったこともあります。一〇〇歳を越えられた方の葬儀をする光栄にも浴しました。けれども何歳の方の死であれ、告別は悲しいものです。その意味で人は天寿をまっとうするということはないのかもしれません。私の兄の死も同様でした。三九歳の、ある姉妹の葬儀もあまりにも痛々しくつらいものでした。六歳を頭に三人のいたいけな娘を残しての死でしたから。私が母と死別したのも六歳の時でした。

死は私たちの敵なのでしょうか。それとも若きモーツァルトが語ったように友なのでしょうか。ただ確かなことがあります。それは「死は私たちの伴侶」ということです。この伴侶は影のようにつきまといます。前方に横たわる影として、また背後に映し出されながら、しばし気づかぬ影として。この伴侶とは離婚できません。たとえ熾烈な敵対関係にある伴侶であったとしても。

二一歳のモーツァルトは母を旅の途中のパリで失いました。その時、彼は父に次のような手紙を書き送っています。

「死は（正しく理解するならば）私たちの生涯の真の究極目標です。ここ数年来私はこの人間の、真実の最善の友と親しんで来ました。それで、彼の姿は私にとってもはや何ら恐るべきものではなくなったばかりか、心を安らかにし、慰めてくれるものとなったのです！神さまは私に機会を与えて、死が私たちの幸福に至る真の鍵であることを知る幸いをお恵みくださいました（私の申しますことはわかっていただけると存じます）。このことを私は神さまに感謝いたします。――私は夜寝ます時に（まだ若いのですが）明日はもう生存していないのではないか、そう考えずに床につくことはありません。――しかも私を知っていてくれる人なら、私が人とつき合っている時に不機嫌で、うち沈んでいるなどとは、誰も言う人はいないでしょう。――この至福について私は毎日創り主に感謝し、私の隣人たちすべてにも同じ幸いを心から願っております」

人の生には限りがあります。そしてその死という限界点は絵画の額縁のように絵そのものを鮮明にします。生を鮮明にするのは死であって、私たちが終わりを思いめぐらすことは生きている今を鮮やかにするのです。死は生に従属しているし、またさせねばならないのです。

死ははたして友なのか、今の私になおまだ断定できそうにもありませんが、死が私たちの伴侶であることは確かです。その伴侶の影がいかに大きく、いかに長く延びていても、それ自体に実体があるのではありません。あくまで死は生の影であって、私たちが目をこらして見続けるべきは生なのです。死を独立させて、それ自体を思索の対象にさせることはできないのです。

生が私たちを見棄てた最後の瞬間まで、生を確認し続ける者でありたいのです。モーツァルトの言うごとく、死があるにもかかわらず、否、死が私たちの生を縁取っているのですから「不機嫌」にならず、「打ち沈む」こともなく、彼の音楽のように、「軽いものが沈み、重いものが浮く」軽やかさを生き続けたいと思うのです。

多くの人々が棺と共に去って行きました。私も棺を床とする日まで、生きていることを喜びたいのです。

# 7.

## 埋められたタラント

一タラントを渡された者も進み出て言った、「ご主人様、わたしは
あなたが、まかない所から刈り、散らさない所から集める酷な人
であることを承知していました。そこで恐ろしさのあまり、行って、
あなたのタラントを地の中に隠しておきました。ごらんください。
ここにあなたのお金がございます」。

マタイによる福音書25章24〜25節

この物語を読む時いちばん気になるのが、「悪い怠惰な僕《しもべ》」のことではないでしょうか。なぜなら、自分がもっともこの男に似ているのではないかと心配になるからです。

まず、素朴にこんな疑問が浮かんでくるのではないでしょうか。預けられたタラントを「良い忠実な僕」は首尾よく倍増に成功したけれども、仮に事業に失敗していたならば主人はいかなる態度を取っただろうか、と。「良い忠実な僕」たちは財産を失ったばかりか借金の請求書を主人に提出し、反対に、「悪い怠惰な僕」は増やしこそしませんでしたが、失うことのなかった預けられた財産を提出することもあり得たのです。

聖書はそのような仮定に対して沈黙して何一つ答えません。このような「仮定」こそが実は「悪い怠惰な僕」の、「恐ろしさのあまり」地の中に隠した理由だったのではないでしょうか。聖書があえて沈黙している事柄に対して、私たちも沈黙せざるを得ません。失敗するかもしれないという可能性をこの物語は無視しています。預けられたタラントは必ず倍増しなければなりません。主が命令なさることは同時に可能なことでもあります。命令者は不可能なことを命じはしません。私たちに必要なことはタラントを増やすことであって、恐れることではないのです。

失敗するのではないかという不安は私たちの心を硬直させます。硬直した心は可能なこともできなくさせてしまいます。このような経験をした人は少なくありません。「恐ろしさのあまり」何もしないこと、失敗者の汚名をこうむりたくないこと、これは人の心でゼロになることはない恐れの念です。しかしこの物語はこの「恐れ」にもとづく消極的行為を「怠惰」と呼んでいます。

確かに彼は怠けようと思ったのではありません。彼にとって、問題は怠けではなく恐れであり、タラントを地中に隠したのは怠惰のゆえではなく、恐れのゆえでした。しかし、彼が地中深くに埋めるべきものはタラントではなく、その恐れであったはずです。ところが彼は用いるべきタラントを埋め、萎縮の力、恐れという財産を手元に残してしまったのです。恐れを財産とする者は、怠惰の高利を生み出すのです。

恐れの霊は、私たちにささやき続けます。「タラントなどお前にはない。ないものを用いることはできない。できないことはやらないにかぎる。そうしなければ失敗者の汚名だけがお前の決算書の記録になるだろう」と。ですが、神は無謀にタラントを預けられる方ではありません。「能力に応じて」タラントを預けてくださっているのです。そこには神の信頼と保証とがあるのです。「何もかもだめだ、私には何の能力も力もない」とあなたがつぶやく時、神の目から見るならば、そこには誇張された嘘があるのです。

なるほど、できない多くのことがあります。けれども何もできないということではありません。中間決算の段階で（私たちはいつも中間決算の段階にいる！）失敗による赤字があるかもしれません。しかしこの赤字も、主イエス・キリストの憐れみの下では「経験」という「財産」となり、次の可能性に用いられていくのです。過ちを犯すのは人間であり、許すことができるのは神です。終末はまだ来ていません。なおまだタラントを用いる機会は与えられるのです。

ベンジャミン・フランクリンは「いろいろなことをする人は多くの過ちを犯す。しかし、彼は何もしなかったという最大の過ちだけは犯していない」と語っています。

# 8. 尊い救い

わたしたちは、こんなに尊い救をなおざりにしては、どうして報いをのがれることができようか。この救は、初め主によって語られたものであって、聞いた人々からわたしたちにあかしされ……

ヘブル人への手紙2章3節

「報いが加えられた」（2節）とは神の裁きを受けたということです。神は無反応の方ではありません。報いる神なのです。「罪過と不従順」に対して「正当な報いが加えられた」。ましてや「尊い救をなおざりに」することに対して「報い」としての審きがあるというのです。このような言葉を聞くならば、心におののきを覚えない人はいないでしょう。まったく恐れの念を持たないとすれば、その人は神の恵みに対してもまったく無感動な人ということになります。神の審きを信じないという人は、神の恵みも実は真剣に信じていないのです。

もし、誤ちや罪過に陥っている子どもを厳しく叱らない親があるとすれば、その親は冷酷な人でしょう。優しい慈悲深さと冷酷な寛大さとは似ても似つかぬものなのです。また反対に気まぐれにどなりつけるだけの親は子どもを恐れさせることはできても畏れさせることはできません。真に子どもを畏怖させるのは「慈愛の親の怒り」でありましょう。

まさしく、神は慈愛の神であり、かつそれゆえに審く神であられます。父なる神の審きとは慈しみ深き怒りなのです。ですから、私たちがおののくのは神の報いなる罪そのものに対してではなく、審かれる神ご自身に対してなのです。もしそうでないとすれば審きは神の単なる暴行にすぎず、単なる暴行は恐怖させることはできても畏怖させることはできません。

審きは神の慈しみの形の一つであり、真の破滅に至るのを阻止するために警告的破綻を経験させるためのむちでありましょう。

ある神学者は「神の恵みは右手の業《わざ》、神の審きは左手の業」と言いました。その左手と右手は互いを補佐するのであって、左右別々の意志を持っているのではありません。一つ意志の下での異なった役割なのです。その限りで福音は「万人救済説」でありましょう。

先日ある姉妹から深夜、長距離電話がかかってきました。続く不運に打ちのめされた声が電話回線の彼方から聞こえてきます。「私はもう駄目です。きっと私の罪が不運を呼ぶのです。私は神さまに呪われて審かれているにちがいありません。私は次々と家族まで不幸に巻き込む人間です」。少し姉妹がノイローゼになっているのは確かです。

私は答えました。「いやそれはちがいます。神はもはやすべて赦しておられます。ただあなたを赦していない人がいます。その人があなたを呪い、あなたを不幸にしています。あなたはその人と和解しなければなりません」と。おびえたような声が返ってきました。「いったいその私を呪っている人は誰でしょうか」。「あなたを赦していない人は誰だと思いますか。それはあなた自身です」。一瞬、声がとまりかたずをのみこむようでした。そして私はひたすら福音を説きました。神がイエス・キリストのゆえに赦しておられるのに、あなたは自分を赦していない。それは神さまより、神さま的になっていることではないか、と。

審きがあるとすれば赦しを受け入れないこと自体が審きなのです。罪の赦しという「尊い救い」は神の大いなる良心です。他方、自己処罰は人間の小さな良心です。小さな良心を大いなる良心に委ねることが信仰なのではないでしょうか。

「聖霊をけがす罪」は永遠に赦されないと主イエスは謎のような言葉を発せられましたけれども、それは「赦す」という神の大いなる良心をうとんじて、自己処罰という小さな良心に閉じこもり、かたくなになり続けていることを指しています。「尊い救い」をうとんじてはなりません。神は私たちが滅びることを望んではおられないのです。さしのべられたみ手を拒んで、浅瀬でおぼれることは神を二重に悲しませることなのです。

# 9.

## 「背後」に向かって「前進」

そうすれば、人知ではとうてい測り知ることのできない神の平安が、あなたがたの心と思いとを、キリスト・イエスにあって守るであろう。

ピリピ人への手紙4章7節

私たちは「主は近い」（5節）という使信に励まされて生きています。主はどのように近いのでしょうか。イエス・キリストの福音の出来事である十字架と復活という過去を信仰をもって見ることは、その福音の完成を未来に待望することと一つ事です。この未来は聖書にうながされた愛をもって現在を生き抜くことの支えです。信仰をもって見る過去、愛をもって生きる現在、希望をもって待つ未来が私たちの時間です。

そもそも私たちは時間をどのように考え、感じているのでしょうか。ヘブル語で過去のことを「ケデム」と言い、それは「前に置かれたもの」の意だと言われ、未来のことを「アハローン」と言い「後ろに置かれたもの」の意だと言われます。考えてみると、ヘブル語の例を引き合いに出すまでもなく、日本語でも（英、独語も同様です）過去のことを「前」と言い、未来のことを「後」と言っています。

時間というのは目に見えませんから目に見える量的な、あるいは空間的な表象を用いるほかに言い表すことはできません。「長い時間」とか「時間が余った」と言う時、長さや量で言っていますし、詩的表現になれば「重き時の流れ」というように重量で表したりもします。

これらの言い方と並んでもっとも一般的なのが、先にも述べたように「前」と「後」です。

あまりにもふだん使いすぎているので、なぜそう言い表すのか疑いもせず、考えもしません。考えてみると、まことに不思議な表現です。なぜ過去が「前」なのでしょうか（「三年前に会った人」といった表現）。

以下は私の解釈です。「前」というのは目がついている側が基準になっていますから、「よく見える」ということであり、反対に「後」は「よく見えない」ということで、せいぜいふりかえってちらりと見えるだけです。過去には引き返すことはできませんが「前」にあるのでよく見えます。未来は「後」にあってよく見えませんが、そこにしか進みようがありません。私たちがボートを後ろ向きで漕ぎ進んでいくように、過ぎ越しし過去を前に見定めながら、よく見えぬ背後の未来に進んで行くのです。これが時を生きる姿ではないでしょうか。

今日の聖句は「神の平安があなたがたを守る」と告げています。実体の明らかな前方の敵への恐れを「恐怖」と呼びます。しかし実体の不明な背後のもの（敵か味方かさえわからないもの）への恐れを、「不安」と呼びます。私たちはその「背後」を守ることができません。いかなる強力な軍隊といえども背後を襲われては手のほどこしようがありません。その背後を守ってくださるのは神です。その神の平安が私たちを守るのであって、私たちが平安を守るのではないのです。衛兵のように「神の平安（平和）が」私たちを守っているのです。神に委ねるとは背後を守ってくださる神の平安に信頼するということです。夜、兵士たちが衛兵に任せて安んじて眠るように、です。

私たちが主イエスの十字架と復活という「過去」に目をとめ続けて礼拝するのは単なる過去の追憶をしているのではないのです。この「過去」を信仰をもって見定め続けるとは、進むべき未来に方向を定めているということなのです。海原にボートを漕ぎ出す時、出てきた舟つき場を見失わないことが自分の位置を見失わないコツであるのに似ています。背後の平安、未来の希望を、私たちは過去のイエス・キリストのみ業に見ています。このピリピ人への手紙で「主は近い」と強調されているのは、平安をもって守ってくださる主が近いということです。

私たちは、「後ろ」に向かって力強く「前進」しましょう。

# 10.

## 風は思いのままに

主なる神は土のちりで人を造り、命の息をその鼻に吹きいれられた。そこで人は生きた者となった。

創世記2章7節

旧約聖書の言語では「霊」と「息」とは同じ言葉です。神は人を造り、「命の息」つまり「命の霊」を吹き入れられました。その時初めて人は命あるものとなりました。まるで水におぼれて仮死状態になった人を、口に息を吹き入れることによって蘇生させるようにして（この方法は救急看護法では口移し方式“mouth to mouth method”と言います）。私たちが命ある者として生きているのは、神による命の霊の口移しによっています。自ら生きる力は、他から吹き入れられる力に相呼応して生まれるのです。

私たちは命ある者として生きるためには息をしなければなりません。しかし一瞬一瞬の息を私たちは意識しているわけではありません。生きていることは実は生かされていることであるとは普段意識していませんが、それと同じです。それでも、時には深く息をしなければならない時があります。取り乱している時、怒りや恐れにふるえる時、不安におののく時、必ず息は浅く早くなります。そのような時は深く息をして心を整えます。深く息をすることは深く生きることにつながるのです。

祈りは息と霊の深呼吸です。一人祈る時、その祈りの内容もさることながら、まずは深く息することとから始めるとよいのです。深い祈りは、深く静かな息とつながっています。

「肉から生れる者は肉であり、霊から生れる者は霊である。あなたがたは新しく生れなければならないと、わたしが言ったからとて、不思議に思うには及ばない。風は思いのままに吹く」

（ヨハネ3・6～8）

新約聖書の言語では「霊」と「風」とは同じ言葉です。今日の言語で言えば「空気」と言ってもよいかもしれません。日本語で「空気」と言う場合、いわゆる化学的意味における空気を指すばかりではありません。「あの場の空気はとても反対できるようなものではなかったよ」と言う場合の「空気」は、その人を取り囲んでいた抑圧的精神状況を指します。「空気」が恐れさせ、委縮させるのです。他方、「風は思いのままに吹く」とあるように、聖霊の風は思いのままに自由に吹く風です。聖霊なる「風」は、主イエスにあって「恐れるな」と告げて人を解放します。さしずめ、その空気に含まれる酸素は愛のことでしょうか。

「我は聖霊を信ず、聖なる公同の教会、聖徒の交はり……を信ず」

（使徒信条3項）

聖霊の「風」がさわやかに流れ込む窓は信仰です。酸欠状態の共同体は「恐れの空気」が充満し、疑心暗鬼の霊がはびこります。その酸欠状態の部屋に聖霊という名の「風」が愛という酸素を送り入れるのです。日頃の浅く早い無意識の呼吸ではなく、静かで深い「息」を自覚的に行い、「神の霊（息）」を吹き入れられなければなりません。その「神の霊」の深呼吸の時が礼拝であり、その場が教会です。この「静かで深い息」は単に象徴であるばかりでなく、文字どおりに静かに深くはき出す呼吸そのものも意味します。事実、賛美歌はまさしく神賛美という深呼吸です。なぜなら浅い呼吸では歌えないからです。

聖霊は私たちの内に燃えるばかりではありません。私たちの間で燃える「教会の霊」であり、「交わりの霊」でもあるのです。したがって使徒信条は「我は聖霊を信ず」と告白する同じ息で、「教会」「交わり」を信ずと告白するのです。

聖霊という「思いのままに吹く」自由の風は恐れと疑いの「空気」から私たちを解放し、言葉に導かれる理性によって整えられた「信・望・愛」へと招きます。ただ「風」の罐詰めなどないように、教会は「信・望・愛」の罐詰め置き場ではありません。神への天窓と、隣人への伝道（宣教と奉仕）という扉が開かれている、「風」がさわやかに吹く場所なのです。

# 11.

## 夢を見る

その後わたしはわが霊を　すべての肉なる者に注ぐ。あなたがたのむすこ、娘は預言をし、あなたがたの老人たちは夢を見、あなたがたの若者たちは幻を見る。

ヨエル書2章28節

正月の最初の話題といえば初夢です。「窓のない飛行機で空を飛んで沖縄へ行ったよ。全然怖くなかった」「なかなか雄大な夢だねぇ」など、結構夢を楽しんでいます。古来「夢」に人々は大きな価値を置き、夢でお告げを受けるとさえ思われていました。今では、眠っている時に見る文字どおりの夢ばかりではなく、目覚めている時に見る「夢」まで市民権を得るようになりました。

最近読んだ本に『日本人とアイデンティティ』（河合隼雄著、創元社）があります。その中のエッセイに「断夢症状」という興味深い文があります。それによると最近、夢に関する生理学的研究が進んでいろいろな興味深い事実が明らかになってきたといいます。たとえば睡眠中の脳波を記録に取ってみると、一晩に数回覚醒時と同じ波形を示し、その時は眼球運動さえ伴うといいます。しかもこの瞬間に起こして聞いてみると一様に、「今夢を見ていた」と言うそうです。さらに興味深い事実は、夢を見ていない時に起こされた人は問題ありませんが、夢を見ている最中に起こされた人は緊張状態が続いて興奮しやすくなり、まるで長時間眠っていないかのような状態になるそうです。中には幻覚を見るほど混乱する人がいるそうです。

こうしてみると、夢とは睡眠が浅い時に見る単なる付随現象ではなく、人間にとってなくてはならない精神活動の一つということのようです。そうであるならば、覚醒中に私たちが見る「夢」も同様ではないでしょうか。

私たちが生きる世界は、現実的であることが即賢明であると考え、「夢」を見ることを妨げる世界です。その意味で老いも若きも「夢」見ることを妨げられています。あるいは諦めさせられています。そして若者たちはいら立ち、老人たちは無気力になっています。若者たちの分別なき暴走は「断夢状態」によるいら立ちによるものでしょう。老人が愚痴っぽくなり人々から敬遠されるようになるのも、老人の年齢がそうさせているのではなく、これもまた「断夢状態」がもたらしているのです。

夢というのは概して他人が聞けばおもしろくもおかしくもないのが普通です。同様に人生に描く「夢」も、概して他人には気恥ずかしくて聞かせられないものです。人は、せいぜい恥ずかしくない程度に調子を落として話すものです。とはいえ、私たちは胸深くに「夢」を見ていなければならないのです。そして神には、その「夢」をありのままに打ち明けるのがよいのです。「夢」に向かって一歩でも二歩でも歩き始めたらいいのです。「夢」は明日を開く扉です。この扉を通ることなしには明日には行けません。

みすぼらしい流浪人にすぎなかったアブラハムは「すべての国民の基、祝福の基」となりました。妻サラは子どもを産めない体でしたが、子孫は「天の星」「浜の真砂」ほどにもなると約束されました。それは主の言葉が幻のうちに、つまりは夢のうちにアブラハムに臨んだことによってでした。また兄エサウに追われていた逃亡者ヤコブは石をまくらに野宿した時に夢を見ました。「一つのはしごが地の上に立っていて、その頂は天に達し、神の使たちがそれを上り下りしているのを見た」。そして「あなたが伏している地を、あなたと子孫とに与えよう」という声を聞きました（創世記28・12〜13）。

旧約ばかりではありません。新約の民なる教会は「夢」を見る群れであり、また群れでなければなりません。聖霊が降って教会が誕生した時、人々は聖霊に動かされ、その様は「酒に酔っている」と誤解されたほどでした。それはヨエル書に、霊が注がれて「老人たちは夢」を、「若者たちは幻」を見ると語られていたとおりの出来事でした。

# 12.

## 思うべき限度

わたしは、自分に与えられた恵みによって、あなたがたひとりびとりに言う。思うべき限度を越えて思いあがることなく、むしろ、神が各自に分け与えられた信仰の量りにしたがって、慎み深く思うべきである。なぜなら、一つのからだにたくさんの肢体があるが、それらの肢体がみな同じ働きをしてはいないように、わたしたちも数は多いが、キリストにあって一つのからだであり、また各自は互に肢体だからである。

ローマ人への手紙12章3〜5節

「信仰の量り」ないし「尺度」は「神が各自に分け与えられた」ものです。この量りは偏差値のような他との比較の目安ではありません。つまり偏差値表と相談しながら、「そんなに高望みはしなさんな。自分の限度というものをわきまえて学校を選びなさい」と指導する教師のように聖書が告げているのではないのです。

この「信仰の量り」とは各自に分け与えられた嵩《かさ》を言っているのではなく、尺度を言っているように思われます。その目盛りには神の恵みが刻まれています。つまり、各自の能力の偏差値ではなく、「しかし、まだ罪人であった時、わたしたちのためにキリストが死んで下さったことによって、神はわたしたちに対する愛を示されたのである」（ローマ5・8）と語られる神の愛の目盛りです。この尺度で量られる人生は律法主義的高ぶり（優越感）と自己救済の焦燥（劣等感）、過信と悲嘆の両極を揺れる振子現象から人を解放します。

この尺度の下では、人と人は「自分は自分」「他人《ひと》は他人《ひと》」という関係ではありません。自分と他人《ひと》とを結び合わせているのは神であるという信頼に基づく関係です。それは健全な無関心と愛による関心の両方を兼ね備えた関係です。ヨハネによる福音書の21章では、甦られた主はペテロに、「わたしを愛するか」と尋ねられました。ペテロが「この人はどうなのですか」(21節)と仲間の一人のことを問うと、主は言われました。「たとい、わたしの来る時まで彼が生き残っていることを、わたしが望んだとしても、あなたにはなんの係わりがあるか。あなたは、わたしに従ってきなさい」(22節)と。それぞれの能力、機会、境遇、性格などに応じて賜物も異なります。他人《ひと》に対して愛による関心を持つ、しかしそれ以外は無関心であることが真の優しさというものです。

他人《ひと》に対する健全な無関心、無頓着というものがあるのです。自分は自分、他人《ひと》は他人《ひと》。それぞれができることはできるだけ喜んでやり、できないことは他人《ひと》に委ねて感謝する。私たちは「慎み深く思うべき」なのです。私たちはできることしかできないのです。しかし、できることしかできないということは、とりもなおさず、できることはできるということです。これしかできないという慎みは、これだけはできるという自信と一体でなければなりません。このような自信が自分らしい生き方です。

「人をうらやむな」。これは私が若き日の不遇と逆境にあった時、自分に言い聞かせ続けた自戒の言葉でした。自分に「分け与えられた」ものによって生きる、これが信仰者の道ではないかと思います。このように自信と慎みが一体となっている時に共同体は健全に働き、「一つのからだ」のようになるのです。手と足が張り合ってどうなるというのでしょうか。目と鼻が競い合って何の意味があるのでしょうか。足が働く時手は休んでいます。その時足は手に文句を言うでしょうか。

ある人が教会を御神輿にたとえました。みんなが一緒に「ワッショイ、ワッショイ」と担いでいます。玉の汗を流して一所懸命かついでいる人もいれば、疲れてちょっと手をかけているだけの人もいます。かけ声ばかり大きい人もいるかと思えば、ぶらさがっているだけの人もいます。それでも御神輿は楽し気に担がれています。疲れがとれたらまた担ぎ、疲れたらひと休みすればいいのです。大切なのは御神輿にくっついているということです。担ぐ者としてであれ、ぶらさがる者としてであれ、「一つのからだ」の「肢体」としてつながっていることです。教会の肢体は「数は多」くても、それぞれが自分らしく働くのです。

# 13.

## 常に喜べ

いつも喜んでいなさい。絶えず祈りなさい。すべての事について、感謝しなさい。これが、キリスト・イエスにあって、神があなたがたに求めておられることである。

テサロニケ人への第一の手紙5章16～18節

人は果たしていつも喜べるのでしょうか。毎日が愉快なことの連続というわけにはいきません。快いことがあれば誰だってうれしくなり、不快なことがあればうれしくも楽しくもないのは当然です。しかしパウロは、「患難をも喜んでいる」（ローマ5・3）と言います。「喜ぶ」と「うれしい」「楽しい」とは同じではありません。「喜び」は受動的感情であるばかりではなく、能動的意志でもあります。喜びは受けるばかりではなく、造り出すものでもあります。

患難をも喜びに変える意志、マイナスをプラスに変えてしまう創造力への勧めが「いつも喜んでいなさい」なのです。その患難を喜びに変えるてこはユーモアの笑いです。患難が去ったわけではありません。ですが患難を笑うことはできます。ユーモアは悪魔を打ち倒す弾丸なのです。

「絶えず祈りなさい」とあります。祈りは行動の代用品ではありません。「何もしてあげられなくてごめんなさい。せめてお祈りだけでもさせていただきます」などと励ます人がいます。祈りを手軽でお金のかからない行動の代用品と心得ているようです。しかしこのような人に限って、祈っていないのが現実です。そもそも「全能の父なる神」に祈るのに、「せめて」などと枕言葉を付けること自体がおかしいのです。行動は人間の働きかけ、祈りは神への働きかけです。むしろ、私たちへの働きかけを迎え入れる門を開くことが祈りです。

祈りは何かをしてくださいと頼むことであるよりは、私たちが自分でやれるように助けてくださいとお願いすることです。宿題ができなくて困っている子どもを助けるとは、代わりに宿題をやってやることではなく、自分でやれるまで指導し、教え、激励することです。神は代行屋ではなく導き手なのです。このように、祈りは状況を変えるに先立ち、私たちを変えるのです。祈っても取り巻く状況が変わらないからといって、祈りが無力なのではありません。困難に取り組む勇気、新しい力、事態を解決に導く知恵を、祈る私たちに神は与えてくださるのです。

「すべての事について、感謝しなさい」とあります。感謝する人は優れて自覚的です。なぜなら感謝すべき良いことというのはあまりにも慣れ親しみ、その存在さえも忘れている水や空気のように、失われて初めてそのありがたさがわかるからです。元気な人にとっての健康、健在な時の親の愛、恵まれた人間関係にいる時の親切や善意、これらは失われるまで、そのありがたさがわかりません。他方、不愉快なことには私たちは慣れることができません。

悪口を一〇回言われれば一〇回腹を立てるでしょう。ところが、優しさや労りは最初の間こそありがたく感じますが、しばらくすると空気や水のように当たり前と感じてしまいます。ですからこのように、感謝は自覚的な精神の持ち主にして初めてできることなのです。

「四〇歳以降の自分の顔には責任を持て」とリンカーンが言ったそうです。自分の顔はそのような責任の持てる代物ではありませんが、この格言は残念ながら真理です。同じ表情を終始浮かべていると、それが顔に刻みつけられていくのは確かです。自分の顔は日に数度しか、時には顔を洗う時にしか見ないので、他人からどのように見られているのかわかりません。しかし時に、美しいはずの顔がゆがんで、不満や恨みが顔の皮膚の一部となっている人を見ます。それはどんなに化粧しても隠すことができません。反対に、感謝が刻まれた顔は美しいものです。

喜び、祈り、そして感謝という言葉の頭に「いつも」「絶えず」「すべての事」という言葉が記されているのは、それが自分の第二の性格になって、顔に刻みつけられるまでになるためです。そしてそのように第二の性格となるまでの間に喜びは豊かな感情を、祈りは強い意志を、感謝は温かい理性を養うのです。

# 14.

## 洞察としての愛

わたしはこう祈る。あなたがたの愛が、深い知識において、するどい感覚において、いよいよ増し加わり……

ピリピ人への手紙1章9節

愛が「深い知識において」「するどい感覚において」増し加わるとあるように、愛は「知る力」「見抜く力」を必要とします。「知る」「見抜く」とは認識力とも言うことができます。その認識方法には二つの回路があるようです。

その一つが英語で言えば「アナリシス」。これは分析、解析、解剖などと訳されます。つまりばらばらに分解して、その仕組みの本質を探し当てようという方法です。子どもの遊びにたとえれば、分解遊びです。私は子どもの頃目覚し時計を分解して組み立てられなくなってひどく叱られたことがあります。これがアナリシスで、おおむね男の子が好む認識方法です。学問的にはこの分析が緻密で論理的かどうかがいつも問われます。

実は、近代の神学もその方法論は分析学なのです。聖書をばらばらに分解します。福音書を分解し、どこまでがイエスの言葉で、どこからが教会の創作かというように。そうすると、ほとんどイエスの言葉とみなしうるものがなくなってしまいます。牧師になろうとして神学校に入り、神学を学ぶにつれ、聖書のありがたみがなくなるのはこのせいです。「み言葉」として心の支えにしていたものが、後世の創作だというわけですから純粋に聖書を信じていた人はパニックに陥ります。

もう一つの認識方法は「アナロジー」です。類似、類比、類推などと訳されます。子どもの遊びにたとえれば、ままごと遊びです。台所での母親の家事を真似てみる、子どもを育てているさまを真似てみる。つまりは「ごっこ遊び」です。類似する行為をすることで母親のことを知ろうとするのです。

「アナロジー」は分析、解析、解剖とは違い、共感する力といってもよいでしょう。これこそ愛がますます豊かにされる認識の「知る力」であり、「見抜く力」でもあります。心は解剖できないし、してはなりません。心は分析では本当のところはわかりません。精神分析というフロイト以後の分析科学があります。これはもちろん人間理解に大きく寄与してきました。しかしそれですべてがわかると思ってはならないのです。

「分析」は手術のようなもので身を危険に晒《さら》す方法です。分析する側とされる側が信頼と了解に基づいて行う時にだけ効果を発揮します。ですから、私たちが生かじりの精神分析を応用してあれこれとしたり顔で発言してはならないのです。される者にとっては、これほど不愉快なことはありません。それは人間に対する不遜です。むしろ、心に関わることの理解は分析ではなく、共感によって得られます。もちろん分析で知り得ることも参考にはなるでしょう。しかし心の深いところには届かないのです。

洞察という言葉があります。心は根本的には洞窟のような世界なのです。外からはおいそれと中が見えない神秘の世界です。洞は祠《ほこら》のようなもので、無造作に、乱暴に、冒瀆的に闖入《ちんにゅう》してはならない世界です。心という洞は深いのです。その洞の中を察し、見抜く直観力が愛の力です。

では、その力はどのようにしたら培われるのでしょうか。

まずは耳です。聴くことです。聖書において人間の五官でいちばん多く登場する器官は耳です。まず相手の心の基準音を耳でとらえなければなりません。理解し、調和するための心の基準音は「キリスト・イエスの愛の心」です。世間体でも、評判でも流行でもありません。世間体で、誰かがやっているから私もやる、そんなふうに張り合うことでもないのです。

「共に恵みにあずかる者」（7節）として、「キリスト・イエスの熱愛」（8節）に立ち返り、これに共鳴し、共感する時、心を洞察する手掛かりが得られるのです。

# 15.

## 平和の福音

それだから、悪しき日にあたって、よく抵抗し、完全に勝ち抜いて、堅く立ちうるために、神の武具を身につけなさい。すなわち、立って真理の帯を腰にしめ、正義の胸当を胸につけ、平和の福音の備えを足にはき、その上に、信仰のたてを手に取りなさい。

エペソ人への手紙6章13〜16節

一九四五年八月一五日の「敗戦の日」、私はまだ小学校二年生でした。鳥取県の田舎に暮らしていましたから、空襲も爆撃も見たことはありません。敗戦の日からまもなく、航空隊にいた兄が帰ってきました。兄は見ただけで血も凍るような形相をしており、何の予告もなく帰ってきて口もきかないまま二階に上がり、三日三晩眠り続けました。後日聞いたところによると、特攻隊員に選ばれて片道の燃料を積んで飛び立ったのですが、敵艦に行き着く前に飛行機が故障して海に不時着してしまったのだそうです。駆逐艦に助けられるまで二日間、海に浮かんでいたといいます。やがて敗戦を迎え、荒廃した精神だけを手土産に帰郷したのです。その時兄は二一歳でした。

父は結核で寝ていましたが、継母とは一言も口をきかない荒れる息子をいかんともしがたいままに一年後の初秋にひっそりと死に、継母は兄によって家を出されたのでした。私にとってはただひたすら恐ろしい兄でしたが、今から思い起こしてみると兄の精神は想像を絶した荒涼としたものだったのでしょう。彼はまもなく結婚するのですがうまくいかず、事業にも失敗し、一家は離散することになりました。兄が帰還してから、つまりは敗戦から数えて一二年目に、兄は孤独の中で自殺しました。

すべての人が経てきた戦中戦後の混乱や空腹を、私自身も少なからず経験したのですが、少年だった私にとって戦争とは、顔を見るのも恐ろしかった兄そのものでした。自殺して果てた兄よりも長く生きた現在の私の目で振り返って見る時に、兄のあの恐ろしさの正体を今はっきりと理解することができます。

あの形相は「やみの世」（12節）の影と言えます。「悪魔の策略」（11節）にだまされた絶望の形相ではなかったでしょうか。

戦争は戦火でもって火ぶたを切られて始められるのではなく、恐怖に訴えて被害者意識をあおる「悪魔の策略」から始まります。私たちのもっとも神経質な攻撃性を駆りたてるには、想像し得る被害を可能なかぎりあおることです。国家においても、個人においても、神経質な攻撃性は過敏な被害者意識、恐怖感に比例しているものです。そして、当事者は自分が攻撃的であるとはまったく思っていないところに悲劇があります。

「神の武具」は「悪魔の策略」から身を守るためにあります。「神の武具」として掲げられている「真理」「正義」「平和」「信仰」はすべて防御の武具です。ところが、「やみの世の主権者」（12節）はこれらを攻撃の武具に用いるようにと策略します。正義の戦争、平和のための軍備拡大、国家による宗教の利用、これらは防御のためにのみ用いられるべき武具を、攻撃の理由づけのための武具に変えて用いているのです。こうしてレバノンで、カンボジアで、またアフガニスタンで、被害者意識にあおられた過敏な攻撃性が展開されています。

前線に駆り出された若い兵士の心は荒廃し、絶望の形相を顔に刻んでいるでしょう。戦火に追われる民衆は被害者意識の過敏な攻撃の餌食となり、まさしく被害そのものと化しています。わが国においても、加害者になり得る（既になっている）ことには一言も触れることなく、被害者としての最悪な場合についてのみひたすら言及し、「やみの世の主権者」と結託して人々を煽る者がいます。小心者の神経過敏と利にたけた巧知とが結託しようとしています。

毎年めぐりくる八月・五日に、私たちはもう一度「神の武具」で身を固めなければなりません。私たちの子孫を「絶望の形相」にしないために。

# 16.

## 偽りの心

心はよろずの物よりも偽るもので、はなはだしく悪に染まっている。だれがこれを、よく知ることができようか。

エレミヤ書17章9節

エレミヤにとって「信仰」と「真実」とは一つのことで、言葉は共にヘブライ語の「アーメン」を語源としています。アーメンは「然り、そのとおり」という意味ですが、さらにさかのぼれば「硬い」という意味でもあります。信仰は私たちの心の持ち方という主観の側に力点があるのではなく、信頼に値する硬い真実という客観に力点があるのです。

パウロは「キリストを信じる信仰によって義とされる」と救いの筋道を表現していますが、これも直訳すると「キリストの信仰によって義とされる」です。「私が信じる」というこちらの側の思いや決意より、「キリストの信仰」というキリストの決意によって義とされるのです。ある神学者は「キリストの信実によって義とされる」と訳します。まさにアーメン信仰です。確かさは私たちの側にではなく、キリストの側にあるのです。

その真実の対極が「偽り」「虚偽」です。私たちはこの偽りという病気を深く病んでいます。それがエレミヤの見た真実です。偽りは表面には出てきません。病気も同じです。病状として出てくる前に潜伏期間があります。偽りも病気の潜伏期間のようなもので、なおまだ心にあって症状に現れていません。しかし兆候は既にあります。預言者にはそれがよく見えたのです。なぜなら預言者は誰よりも神の目に晒《さら》されて、自己洞察の鋭い人だからです。ソクラテスは「己の無知を知る知」を説きました。それにたとえればエレミヤは「自分の偽りを知る真実」を語っているると言えるでしょうか。「偽り」は人を欺く前に、まず自分を欺いているのです。

主イエスは「偽善者パリサイ人」と激しく糾弾しました。パリサイ人は真面目な人々です。ひたすら律法を厳格に守ることが神に忠実であることと確信し、人々にもそれを要求しました。彼らは自分の義を疑いません。そこに偽善があります。偽善者のギリシャ語の元の意味は「演ずる者」です。私たち誰もが善《よ》いことをしようとする時、なにがしか偽善がありま す。芝居がかっているものです。人を助けてあげようという思いは嘘ではないとしても、そのことによってできれば褒められたい、感謝されたい、評価されたいという見栄があります。一〇〇パーセント「他者のため」などという純粋善はありはしません。

わが子の幸せのためならどんな犠牲でも払うし、教育熱心にもなります。それには偽りはありません。ですがまったく偽りがないかといえば、そうではありません。どこかに見栄があります。子どものためと言いつつ、世間からの「教育に成功した親」という評価がほしいのです。そのために、結果的には子どもの志や才能を犠牲にすることさえあります。

人が「神のため」「教会のため」「国のため」「子どものため」「福祉のため」と大上段に構えて語る言葉には、どこか「嘘っぽさ」があります。もちろん、だからといって「……のため」に価値がなくなるわけではありません。ただ、偽善なくして善をなすことなど人間にはできないのです。問題は芝居気、つまり偽善があるかどうかではなく、自分の偽善の部分を自覚しているかどうかではないでしょうか。エレミヤが真実なのは「偽る」自分を知っていたからです。

自分には虚偽がないと言い切る人は、それこそが偽善です。繰り返しますが、私たちには純粋善なるものはありません。善をなす場合、何がしか嘘っぽく芝居がかっているものなのです。その「嘘っぽさ」を自分に認めず、純粋と信じ込んでなす善こそが偽善なのです。ですから反対に、偽善者が自分の偽善を自覚した瞬間に偽善者でなくなります。純粋善と純粋悪は表裏をなしており、この「純粋」こそが悪魔の発明品なのです。

# 17.

## 荒波のただ中で

渡って行く間に、イエスは眠ってしまわれた。すると突風が湖に吹きおろしてきたので、彼らは水をかぶって危険になった。

ルカによる福音書8章23節

弟子たち一行は主イエスと共にガリラヤ湖を渡っています。その途中で突風が湖に吹きおろし、舟は水をかぶり、危うくなりました。その時弟子たちは「先生、先生、わたしたちは死にそうです」（24節）と悲鳴をあげました。奇妙ではないでしょうか。舟を漕いでいるのはこの湖の元漁師なのです。この湖については自分の庭のように知り尽くしているはずです。どうなっているのでしょうか。

しかし、よくよく考えてみれば笑い事ではありません。私たちも自分の庭のように知り尽くしているはずの所でおぼれそうになっているのではないでしょうか。会社では重要な地位についていて多くの部下を持つ人、あるいは教育者として知られ、生徒指導では右に出る者はいないと言われている人が「お恥ずかしい話ですが、息子とのことで困っています」などと頭を抱えています。仕事の大海での成功者が、知り尽くしているはずの家庭という湖の突風でおぼれそうになっているのです。

ところが、そのようにおぼれそうで大騒ぎしている私たちを脇に、イエスは眠っておられます。眠っておられても、主イエスも私たちと一緒の舟に乗っておられるのです。何を恐れることがありましょうか。

しかし、怖いものは怖いのです。不安なものは不安なのです。主は「あなたがたの信仰は、どこにあるのか」（25節）とお叱りになりました。私たちの信仰は突風に吹き飛ばされたのでしょうか。あるいは波にさらわれたのでしょうか。それとも元漁師の自信がたかをくくらせ、船出の時にその自信を岸辺に置き忘れさせたのでしょうか。とにかく、今は信仰は消失しているのです。「信仰は、どこにあるのか」。どこにもありません。ただ不安と恐れで取り乱し、湖上の舟で右往左往する私たちがここにいます。叱られても仕方がないのです。

主は信仰深い者の祈りを聞いてくださるばかりではありません。不信仰な者の悲鳴にも耳を傾けてくださいます。もし信仰深い者だけを助けられる神さまなら、イエス・キリストが人となられてこの世にいらっしゃる必要はありませんでした。主は義人を招き、信仰深い者だけを救われるのではないのです。罪人を招き、信仰なき者をも救われるのです。

イエスは起き上がり、弟子たちをお叱りになりました。その同じ口で「風と荒浪とをおしかり」（24節）になりました。すると嵐は「止《や》んでなぎ」になりました。パウロが言うように、神は私たちを耐えられないような試練には遭わせられず、必ず逃げ道を備えてくださるのです。主をたたき起こしなさい。すると状況が変わり始め、そして奇跡が起こります。

事が解決した後、私たちはなぜ解決したかを論理的に説明しようとします。突風からなぎになったのは、静まるべくして静まった自然現象であるとも言えましょう。しかし私たちが「水をかぶって危険になった」状況の真っただ中にいる時、はたして「論理的説明」が困難を乗り越える勇気を与えてくれるでしょうか。奇跡は説明原理ではありません。奇跡が伝えるメッセージは危機的状況にいる者に告げられる希望への招きなのです。

行き詰まって身動きできない時は、何もできないまま三日間じっとしているといい。なんらかの変化が向こうからやってくるから。あるいは闇に目が慣れて解決への糸口が見えてくるから。こんな趣旨の言葉をヒルティが『眠られぬ夜のために』で書いています。しかしなぜ三日間なのでしょうか。おそらく「死にて葬られ、陰府《よみ》にくだり、三日目に死人のうちよりよみがへり」（使徒信条）という主イエスの復活と関係があると思います。復活という奇跡によって私たちは希望に生きる者に変えられるのです。

荒波のただ中であっても「向こう岸」に向かって漕ぎ進め！

# 18.

## 思い悩むな

だから、言っておく。命のことで何を食べようか、体のことで何を着ようかと思い悩むな。命は食べ物よりも大切であり、体は衣服よりも大切だ。

ルカによる福音書12章22～23節

「空の鳥や野の花のように生きなさい」と主イエスは言われますが、「そんなこと言われたって無理です」と思い、また同時に「み言葉のように生きられたらどんなにいいだろうか」とも思います。

主イエスは、私たちが文字どおり空の鳥のように生きられると考えておられたのではなく、身体中をこわばらせて頑張って生きている私たちを自然体に帰るようにと招いておられるのではないでしょうか。私たちは生きることに先だって生かされているのですから。

私たちは自然の仕組みの中で生まれ、生かされていますが、その自然の法《のり》からはみ出して生きています。

たとえば、生まれたばかりの赤ん坊は水に入れてやると泳げるそうです。泳げなくなるのは、前頭葉の発達と関係があるといいます。もう一度泳げるようになるためには訓練が必要なのです。その泳ぎの基本は、水への恐怖を取り除き、水に身を任せることを体得させることです。人間はゆったりと水に身を任せると浮くのです。浮かぶために手や足を動かしているわけではありません。この、水に身を任せることが生まれたばかりの赤ん坊にはできるのに、時間がたつと自然の法《のり》からはみ出してできなくなってしまうわけです。

自然体に生きるとは、自然の中に生まれながら、自然の法《のり》をはみ出して「不自然」に生きるようになってしまった己を訓練し、「くつろぎ」（リラックス）を取り戻すことです。この「くつろぎ」が自然体なのです。

反対に、「思い悩み」は、何とか沈まないように手足をばたつかせて浮かぼうというあがきです。過去への後悔、未来への不安にさいなまれ、「その日一日の苦労はその日一日で十分」になれず、今日という日に集中できない時、人は「思い悩み」ます。私はそのような時、一つの処方箋を自分に提供し、ある儀式をします。

まず紙とペンを用意し、思いを一杯にしている心配事を残らず箇条書きにします。気がかりなことはどんな小さなことでも書き出します。箇条書きにしてみると、意外なことに、長時間悩んだわりには項目がそれほど多くないものです。

その箇条書きを前にして、まず「今更どうすることもできないもの」に印を付けて祈ります。「神さま、今更どうすることもできないこれらの弱さ、罪過をどうぞお赦しください」と一つずつ祈って、マジックインキで丁寧に黒く塗りつぶします。二度と読めないように消すのです。

次に、気に病んではいますが、「今は何もすることができないこと」に印を付けて祈ります。「神さま、今気に病んでいて、気持ちが真っ暗になっています。でも今は何もすることができません。しばらくあなたにお預けいたします。自分の責任で何かができるようになった時、それを私にお返しください。そしてその時、解決のために力をお与えください。今はお委ねいたします」と祈ってそれも消します。

後に残るのは、自分の責任において「今できること」「しなければならないこと」です。そしてその中から今日できること、今日しなければならないことだけを選び出し、そして祈ります。「今日このことに力を尽くして取り組みます。気持ちがくじけないように力をお与えください」。

この祈りの処方箋で私は何度も内的危機を乗り越えて落ち着きとくつろぎを取り戻し、自然体を会得し、生き直してきました。私たちは空の鳥、野の花と同じように生かされています。無心になって今、ここに集中して生きよと、主はうながしておられます。自然体へと回帰する営みこそ福音信仰の道ではないでしょうか。

# 19.

# 教会形成と人間形成

わたしは植え、アポロは水を注いだ。しかし、成長させてくださったのは神です。

コリントの信徒への手紙一 3章6節

野良仕事をたとえとしたこのみ言葉は教会形成の基本を述べたものですが、人間形成の基本でもあります。

現代文明は工業技術を極限まで発展させ、その恩恵に私たちはあずかると同時に、その弊害にも悩まされています。工業は人の知恵と業の結晶です。ところが農業はどんなに人の知恵と業を結集しても、自然という冷厳な神秘的仕組みの外に出ることはできません。

若い夫婦が夕暮れの野良で教会の晩鐘を聞きながら祈っている絵、ミレーの「晩鐘」に私は心を打たれます。この姿こそ、敬虔のたたずまいではないでしょうか。野良で一日の労働を終え、しかし「成長させてくださる神」にすべてを委ねるたたずまいを私は敬虔と理解しています。

現代人はこの敬虔を忘れてしまいました。それが現代文明の驕《おご》りです。鍬に代えて、私は耕運機やトラクターを使って農業をしていますが、野良仕事をしているかぎり、最後の決定権は自然が持っているという現実の前に頭《こうべ》を垂れさせられます。実った果実も台風一過で全滅することがあり、稲の開花の時期に冷夏が来れば、穂は実をつけません。人はそれを決定できません。

今、教育の荒廃が話題になっています。もっぱら教育制度問題として論じられることが多いのですが、制度以前の教育「気風」の問題ではないかと私は考えています。気風は「気」の「風」ですから形がありません。気風はとらえどころがないようでいて、社会を支配しています。教育が「農業」の発想気風から、「工業」の発想気風に支配されるようになり、これが荒廃の根っこにあるのではないかと思います。つまり子ども自身のおのずからなる成長への畏敬、敬虔なたたずまいの喪失です。入力と出力、企画と結果を自在に制御（コントロール）できるかのように考える工業的発想を教育にそのまま適用する危険な気風が問題です。

教会形成も人間形成も主《あるじ》は神であって、私たち人間ではありません。確かに播くのも、植えるのも、施肥をして水を注ぐのも、雑草搔きをするのも私たち人間です。その野良仕事抜きでは作物を育てることはできません。しかし作物を成長させるのは神であって、私たちではないのです。すべてをなし終えてのち「晩鐘」のたたずまいをしなければならないのです。

教会は「晩鐘」を鳴らして敬虔な気風を送り込んで培う任務（ミッション）を授かっており、み言葉という「晩鐘」を鳴り響かせることが伝道の業であり、教会形成の術（アート）

です。パウロが語るごとく、教会形成をするに際し心得ておかなければならないことは、一人ひとりがなくてはならぬ人材であって、皆その個性が異なり、異なっているがゆえに大切だということです。

作物であれ花であれ、発芽の時期も異なり、根の張り方が異なります。横に根を張るものがあるかと思うと、深く根を張るものがあります。発芽や結実時期も形も味も皆異なり、比較して善し悪しは決められません。

したがって教会形成でも人間形成でも、なすべきことをなし尽くして、後は成長させてくださる神に委ねて待つのです。その点で教会形成と農業の発想気風とは共通するものが多くあります。

# 20.

## 娘よ、あなたの信仰があなたを救った

女は自分の身に起こったことを知って恐ろしくなり、震えながら進み出てひれ伏し、すべてをありのまま話した。イエスは言われた。「娘よ、あなたの信仰があなたを救った。安心して行きなさい。もうその病気にかからず、元気に暮らしなさい。」

マルコによる福音書5章33～34節

マルコによる福音書5章25節以下の「イエスの服に触れる女」の物語。主は女を癒やされた後、「娘よ、あなたの信仰があなたを救った。安心して行きなさい」と言われました。もしも娘が、この主イエスの言葉に応えて「はい、私の信仰が私を救いました」と言ったとすれば、どうなるのでしょうか。

「あなたの信仰」に対して「私の信仰」と応じたのですから文章上の齟齬《そご》はありません。しかしこの娘は大変な誤解をしたことになります。

主イエスの「あなたの信仰」との呼びかけは「恵みによって（あなたに）授けられた信仰」、つまり「聖霊の業なる信仰」です。それに対して「私の信仰」と答えたならば、それは「自我の業なる信仰」であって、似て非なる信仰です。「聖霊の業なる信仰」と「自我の業なる信仰」との間には微妙にして決定的な違いがあり、私たちはいつもその危険な境界線上にいます。

若い頃、私を指導してくださったキリスト者の精神科医師がこんなケースを話されました。教会で長く役員を務め、尊敬されていた女性が鬱病になり、患者として医師の所に来ました。鬱病の引き金になったのは、彼女をキリスト者に導いた実母の死でした。彼女は、教会では知らぬ人がいないほど夫からひどい仕打ちを受けており、それでも家庭を守るために耐えていました。彼女は「私には信仰がありますから大丈夫です。ひどい夫ですが、私は信仰によって赦します」と言い切り、教会員たちにとってその言動は賞賛と尊敬の的でした。

ところが、患者として医師の下に通い続け、カウンセリングを受けているうちに、彼女はこう言ったそうです。「私は夫を赦してなんかいません。あんな仕打ちを受けて赦せるものですか」と怒りを露わにしたというのです。しかもその時から鬱病は少しずつ癒やされ始め、夫と激しいやりとりを繰り返しながら夫婦関係も変わっていきました。

それまで実母に愚痴と嘆きを訴えて、何とかバランスを取っていたのですが、その母を亡くし、「模範的信仰」を維持できなくなったのでした。この「模範的信仰」が「自我の業なる信仰」です。夫の仕打ちへの憤怒を信仰の名によってねじ伏せていただけです。鬱状態のどん底でそのことへの気づきが起こりました。

「赦せない自分を赦していただく」ことが私たちの信仰の原点です。「赦し」は信仰の名によるねじ伏せではありません。赦さなければならないとわかっていても、赦せない自分がいます。赦せない自分を赦していただきながら、「聖霊の業なる信仰」が授けられる時を、すなわち「あなたの信仰があなたを救った」と主イエスに言っていただく時を待たねばなりません。赦せない状態でいちばんつらい思いをしているのは、ほかならぬ自分です。その思いを抱いて主イエスにすがりつくのです。

「自我の業なる信仰」による赦しのまなざしは、冷ややかに見下げる視線だったにちがいありません。しかし「その仕打ちは赦せない」とぶつける怒りは、冷ややかに見下げる視線ではなく、相手との熱い対等のやりとりとなりました。むしろそれがこの女性と夫との心の交流になったのです。

# 21.

## 私の受洗物語

わたしたちは洗礼によってキリストと共に葬られ、その死にあずかるものとなりました。それは、キリストが御父の栄光によって死者の中から復活させられたように、わたしたちも新しい命に生きるためなのです。

ローマの信徒への手紙6章4節

「洗礼」とは「洗う礼」と書きますが、実は洗礼式は「洗い流す儀式」ではなく、自分の過去を葬っていただき、新しいいのちに復活させていただく儀式です。

私は一七歳になった翌年の二月に、倉吉アドベント教会のニール・ブラウン宣教師から洗礼を受けました。入院していた結核療養所でキリスト教に出会い、その療養中でのことで、洗礼式は全身を水に浸ける「浸礼」という、バプテスト教会と同様の方式でした。

ところが、「この寒い時期に結核患者をいきなり全身で水につけるのは危険である」とドクター・ストップがかかったのです。困った教会は一計を案じ、教会関係者の温泉旅館を借り切って、温泉で洗礼式をすることにしました。そのことを話すとたいていの人は驚き、かつ笑い出します。なんとなく洗礼式と温泉とはミスマッチに思えるのでしょう。しかしこれは私が意図したわけではありませんので、いかんともしがたいものでした。

おかしな顛末はそれに留まりません。洗礼を授けたのは宣教師ですが、説教を担当したのはまだ洗礼を授ける資格のない日本人伝道師でした。資格がなかった分、彼は張り切ったのでしょう、長々しい説教をしたのです。私はその間、温泉に浸かっていなければなりません。だんだんとお湯でのぼせてきてしまいましたが、どうすることもできません。長い説教の後、頌栄と祝祷でやっと洗礼式が終わり、立ち上がったとたんに貧血を起こして気絶してしまいました。

気がつくと畳の部屋に寝かされていて、教会員たちが心配そうにのぞき込んでいました。私が意識を取り戻したのを見て、口々に喜んでいるようでした。ところが私はというと、自分の身に何が起こったのかしばらくわかりません。少しずつ意識を取り戻したのですが、鮮明に目に焼き付いているのは、なぜか天井板の節穴だったのです。意識を取り戻していく間、その節穴を数えていました。私にとってまさに洗礼が「死んで甦る」儀式になってしまったのです。そして天井の節穴は、天上をのぞく節穴でもあったわけです。

思い出すとおかしさがこみ上げてくる私の受洗物語ですが、今では私に似つかわしい出来事だったと思っています。若くても、年老いていても、生き直しが赦される人生を私たちは約束されています。気絶から目覚めて見上げた天井板の節穴は、本当に天上に通じる節穴だったのです。

「真剣に生きる」とは「深刻に生きる」ことではありません。節穴のおかしみ、そのおかしみがもたらす緩やかさ、遊びがあってこそ、真剣は持続可能になります。深刻な真剣さは持続できません。困難に直面し、追い詰められたような思いになった時、私はなぜかこの洗礼式の後の気絶からの目覚めと、心配そうにのぞき込む教会員の顔と、そしてその向こうに見えた天井板の節穴を思い出します。そして、そのおかしみによって深刻回避の心境を取り戻すのです。

# 22.

## 認められないで生きられますか？

では、どういうことになるのか。義を求めなかった異邦人が、義、しかも信仰による義を得ました。

ローマの信徒への手紙9章30節

「義を得る」という言葉は、私たちの日常ではほとんど使わない言い回しなので、ありありと内容をイメージしにくいのではないでしょうか。それであえて「存在を認められる」と日常イメージに翻訳し直してみましょう。存在を認められるか否かは私たちにとって死活問題です。問題は何を基準に「存在を認められるか」です。

普段私たちは業績によって存在を認めてもらおうと考え、行動しています。業績評価が高いとうれしいし、低いと悲しいものです。世間はその価値観が支配していて、待遇は業績評価に比例します。それ自体が悪いわけではありませんし、また現実にその価値体系から逃れられるわけでもありません。このように、「業績を認める」ことと「存在を認める」こととは分離されません。しかし福音はそれを「区別」しなさいと告げています。「業績」と「存在」とは区別されなければならないのです。

功成り、名を遂げたある社長が退任して後、中元や歳暮の類が激減したのを見て「世間は恩知らずだ」と怒っていたと友人が語っていました。この元社長は業績と存在とを一体化して混同しています。中元や歳暮は彼の役職（業績）に贈られていたのであって、必ずしも人格存在に贈られていたわけではありません。

先日、元カルト信者の脱会経験を聞く機会がありました。。カルト脱会者九名がパネラーとなって、自分の脱会前後の経緯を語ってくれたのです。

一人の女性の場合を紹介します。彼女によるとカルト教団に献身している間、お互いが恨んだり、非難し合ったり、悪口を言い合ったりすることは禁じられ、仲間は家族以上に家族的で、親密な絆は固いものだったといいます。後に彼女は教祖が壮大な宗教詐欺師であることを知って脱会するのですが、心の整理に苦しみます。「教祖と教団は詐欺集団であったかもしれないが、学んで身につけた倫理は正しかった。脱会してもその倫理を貫こう」と考えたのです。そして「恨まず、悪口を言わず、自分に厳しく、隣人には優しく」を貫こうとし、ヘトヘトに疲れ切ってしまいました。そこで今度は逆に、恨みと悪口、批判と非難をしまくることにしました。ところがその生き方にもヘトヘトに疲れ切ってしまったというのです。最後にようやく赦しの福音に出会い、自然体に身を委ねることでやっと平安を得たそうです。

「律法」、つまり「禁止命令と当為（するべきこと）命令」は不要でも無効でもありません。大切な倫理です。しかし、その倫理貫徹の延長線上（すなわち業績）に存在の安心はありません。「存在を認める」のはイエス・キリストの贖罪愛、すなわち神の無条件の愛です。「信仰による義を得る」とは、いうなれば福音による自然体に身を委ねることです。私たちは業績にも実績にもよらず、キリストの贖罪愛によって存在を認められています。そこに私たちの目指す自然体があります。

娘たちがまだ幼い頃、心がけた一つのことがあります。それは神が私に語ってくださった雛形《ひながた》を語ることでした。さまざまな場面で自信を失いそうになっていると思える時、「俺はなあ、お前たちの親父にさせてもらったことを誇りに思ってるよ。うれしいよな」と言ったものです。キザなセリフなのでしらふで言う勇気がなく、晩酌で少々酩酊を装いながら言いました。娘たちがどう受け止めたかはわかりませんが、私としては存在の無条件認知メッセージのつもりでした。

木にたとえれば「存在の無条件認知」は根です。「律法」は幹です。実績・業績は花、実です。木を育てるためには根を育てなければなりません。私たちが礼拝を毎週捧げるのは、「存在の無条件認知」という根に肥料を注いでいただくためです。

# 23.

## 岩の上に建てられた家

そこで、わたしのこれらの言葉を聞いて行う者は皆、岩の上に自分の家を建てた賢い人に似ている。雨が降り、川があふれ、風が吹いてその家を襲っても、倒れなかった。岩を土台としていたからである。

マタイによる福音書7章24〜25節

日本のしきたりでは、家を建てるに際して行われるこの式は地鎮祭と呼ばれますが、キリスト教では、家の基礎を定めるという意味で「定礎式」と言います。壺をここに埋めますが、この壺の中には聖書が入っています。「わたしのこれらの言葉」を土台とすることの象徴です。

建物としての家、つまりハウスは堅固な基礎の上に建てなければなりません。暴風や地震に襲われてもびくともしない建物にするためです。ハウスがとても大切であるのは言うまでもありません。自分のハウスを建てられるのは多くの人にとって一生のうち一度だけです。その意味では自分のハウスを持つのは多くの人の夢であり、人生の目標です。

しかし、ハウスはしょせん容れ物、言うなれば箱物です。いかなる豪邸が建てられても、もしそのハウスがホームにならなければ、虚しいのではないでしょうか。

この定礎式は、そこに建てられるハウスが、その工事の過程で事故がないこと、建てられたあとも安全なハウスであることを祈る儀式です。それと同時に、定礎式で聖書を埋める理由は、このハウスがホームになるようにとの祈りを込めるためです。

ハウスがホームになるためには、何が必要でしょうか。それは団欒です。団欒とは食卓を共に囲むことです。家族だけの食卓とはかぎりません。友人たちもまた団欒の客となります。

私はホームレスの人々の支援活動の一端をになっていますが、いみじくもホームレスという言葉が、その人々の真相を物語っています。単に住む家を失ったハウスレスではありません。一緒に食卓を囲む家族や友人を失ってしまった人々なのです。

野宿生活をしているという形だけがホームレスなのではありません。ハウスはあるけれど、ホームを失っている人、失いそうになっている人はたくさんいます。豪邸に住んではいても、そこで食卓を共に囲む団欒をなくしているならば、その人もまたホームレスです。単に食べ物、糧があるだけでは団欒にならず、ホームとは言えません。

餌と糧とを区別するものはなんでしょうか。私は時々真面目な冗談として「ビタミンI《アイ》があるかどうかだよ」と言います。「えぇ！　そんなビタミンがありましたっけ？」と私の真面目な冗談が理解できずに聞き返す人もいます。I《アイ》とは愛情の愛のことです。これが餌と糧とを分けるのです。

私は隠退後住むための終《つい》の棲家《すみか》としてログハウスを一年がかりで建てました。お客がたくさん泊まれるように、ロフト、つまり屋根裏部屋を三室も作りました。けっこう大きな居間も作り、詰めれば一五人は何とか食卓につくことができます。ログハウスをログホームにすることが私の祈りであり、願いです。家族だけではなく、多くのお客を招き、出会いの団欒を創り出したかったからです。幸い多くのお客に恵まれています。

ここに建てられるルピナス・ヴァレー・ハウスは、ルピナス・ヴァレー・ホームになっていくでしょうし、このホームを訪れる客人たちは、新庄村を第二の故郷とするでしょう。そうなってほしいという祈りが、この定礎式です。団欒は糧が満たされるだけでは充分でありません。良い言葉で満たされる必要があります。交わされる会話はお互いを暖かく包む言葉で満たされていなければなりません。

最後に作者不詳の短い詩を紹介します。原文は英語です。

「キリストは私の家の主《あるじ》です。毎日の食卓に迎える見えない客です。私たちの会話の静かな聞き手です（Christ is the Head of this House, the Unseen Guest at every meal. the Silent Listener to every conversation.）」

主イエス・キリストの言葉を土台とするために、ここに壺に収めた聖書を埋め込みます。

（この黙想は、本書のカバーを飾る写真家・森本二太郎氏の自宅の定礎式で語られたものです）

# 24.

## 愛敵はこの世離れしているか？

あなたがたも聞いているとおり、「隣人を愛し、敵を憎め」と命じられている。しかし、わたしは言っておく。敵を愛し、自分を迫害する者のために祈りなさい。

マタイによる福音書5章43〜44節

「敵を愛しなさい」と主は命令されます。

命令には服従か、さもなくば不服従しか選択肢はありませんが、実際は困惑で立ちすくみます。同時に愛敵を生きられた主イエスと代々の教会の先達たちを思い起こし、感動します。憎悪と復讐の連鎖反応は巨大な破壊エネルギーをもたらしてきたし、今ももたらしているからです。

受洗後のキリスト教に反抗した時期、「愛せないから敵であって、愛せるようなら、はなから敵じゃない。言語矛盾だ」と理屈をこねたものです。しかし実際は己の敵対感情の正当化にすぎませんでした。

「敵を愛する」とは「敵が好きになる」ことではありません。今日「愛する」は哲学、教育、文学、詩、歌曲や演歌などのキーワードであるにもかかわらず、私たちが日常語として使うことはまずありません。「愛する」表現は、たぶん情緒過多な言葉として使われるのが常なので気恥ずかしいからだと考えられます。しかし「愛する」とは情緒行動であるばかりでなく、意志行動であり、覚めた理性に根ざした行動なのです。

キリシタン時代、「愛する」は「大切にする」という訳語を当てました。これは情緒語ではなく、意志語です。「大切・親切」は食物を切り分けることに由来していると推測されます。食糧不足の時代、切り分けることはきわめて強い意志と公正とが要請されました。自分や自分のお気に入りの人には食物をさじ加減しかねないのが人間の弱さだからです。

石原吉郎（詩人・キリスト者）や神学者ゴルヴィツァーがシベリア抑留経験を書いていますが、共通して書いていることは食糧分配場面です。公正に分配できる人が中心になった時だけ、抑留者集団の平和が保てたと書いています。

敵とは遠くにいる人ではなく、実は隣人のことです。自分の周りでも不都合な人、嫌いな人、ウマの合わない人、そりの合わない人に事欠きません。しかしその人が好きになれなくても、最低限、公正であることはできます。これが意志的、理性的愛であって、「敵を愛する」ことの身近な実践なのかもしれません。

この姿勢は長い目で見ると、自分の属する共同体を安定させ、平和にさせ、また人間関係を健全に導きます。主イエスによる「敵を愛せよ」のご命令は、この世離れしているのでなく、まさにこの世に不可欠なことなのです。

## 24日　愛敵はこの世離れしているか？

# 25.

## 「勝手口に回れ」と叱られた話

狭い門から入りなさい。滅びに通じる門は広く、その道も広々として、そこから入る者が多い。しかし、命に通じる門はなんと狭く、その道も細いことか。それを見いだす者は少ない。

マタイによる福音書7章13〜14節

「狭き門」という表現は聖書由来ですが、日本では、アンドレ・ジッドの小説『狭き門』を経由して、さらに受験競争で拡散し、難関大学を「狭き門」と言うようになりました。しかし、それはマタイが告げる「狭き門」とは真逆の意味です。つまり入学の門が狭いのではなく、その門に受験生が殺到するので、入るのが困難というだけのことです。

マタイの告げる「狭い門」を「裏木戸」と訳している人もいます。

私には、裏木戸というか、勝手口についての苦い想い出があります。

家が倒産したので、私は中学を卒業すると大阪の小さな会社に就職しました。ある日、芦屋にある社長の自宅に届け物をするように命じられました。大きな邸宅でした。玄関で呼び鈴を押すと社長夫人が現れ、私を見るなり、開口一番「あんたはどこの呼び鈴を押してるの！」と怒鳴るのです。私はまったく意味がわかりませんでした。「あんたが入るのはあっち！　裏へ回りなさい」と叱られ、勝手口を指示されました。

この時の二重の驚きが蘇ります。一つは屈辱感です。もう一つは、帰りの電車でつらつら思い起こした故郷の想い出です。

わが家は農地解放で農地を失った地主だったのですが、元小作人だった村人たちがわが家を訪れる時、正門に来ることは決してなく、勝手口に現れました。その当時は不思議にも思わない情景でしたが、自分がこの屈辱を受けて、初めて故郷の家で起こっていたことが尋常なことではなかったのだと悟らされたのです。

三浦綾子の小説『千利休とその妻たち』（新潮文庫）が茶室の造りの由来を記しています。それによれば、茶室の躙口《にじりぐち》はこの山上の説教「狭き門」から考案されたというのです。利休の後妻おりきが、教会の説教の「狭き門より入れ」で語られた話「天国に人が入るためには、すべての持ち物を捨てなければならない。身分という持ち物も、財産という持ち物も、学問という持ち物も……」を夫に話しました。そのおりきの話を聞いて、利休は「おごり高ぶる者は、茶室には入れぬ」を茶の湯の精神とし、「茶室に入るには、天国に入るのと同じように、大名といえど、天下人といえど、一様にへりくだらなければならぬ」と言って、膝をにじらなければ入ることができない狭い小さな躙口を考案したというのです。

身分、能力、業績、学歴に関係なく、神の恵みは低いところに流れてきます。

## 25日　「勝手口に回れ」と叱られた話

# 26.

## 癒やしと救いは等価ではない

そして、中風の人に、「起き上がって床を担ぎ、家に帰りなさい」
と言われた。その人は起き上がり、家に帰って行った。

マタイによる福音書9章6～7節

当時、中風のような病気は罪の因果応報の結果と理解されていたので、罪の赦しと中風の癒やしとは直結していました。今日では医学上、そのように理解されていませんし、されてもなりません。しかし中風の人の立場から見れば、そのような医学上の事実とは異なった事情が見えてきます。自分が家族や社会にとって迷惑な存在だと思われ、生きて存在することにやましさを覚える人、苦しめられる人は少なくありません。恨みつらみの万年床に身を横たえ、その重苦しい溜め息と言葉と表情が周囲の人をうんざりさせるケースもしばしば見受けられ、自分もその一人になりかねません。

病気の癒やしと病人の救いとはイコールではないのです。

私が受洗したのは結核療養所ででした。ちょうど結核の特効薬ストレプトマイシンが普及し始めた頃で、不治の病気とされていた結核が治るようになり、私もその恩恵にあずかりました。

ある時、一〇年以上の長きにわたって療養された同室の方が治ってめでたく退院の運びとなりました。退院前夜、消灯時間になると、同室の者たちがこっそり酒屋から酒を買ってきて祝杯をあげ、退院を祝しました。ところが翌朝、衝撃的なことが起こったのです。めでたく退院されるはずのその人が、給水塔から飛び降りて自殺してしまったのです。当時一七歳だった私には訳のわからない謎、つまり病気が癒やされたのに病人が死ぬという人間の深淵に触れたのです。

主イエスによる中風の人の癒やしの物語は、単なる病気の癒やしの物語ではなく、中風の人の救いの物語なのです。

月に一度開催している家庭集会に、「多発性硬化症」という難病の方が車椅子で参加されています。この難病の原因は不明で、徐々に伝達神経を冒されます。視神経や反射神経が冒されるために、視覚障碍、嚥下《えんげ》障碍、排泄《はいせつ》障碍などが起こり、歩行障碍も始まっていました。この方は二年前にキリスト信仰を得られて受洗されました。

この家庭集会では、毎回、全員が自己紹介を兼ね、この一か月間の近況報告スピーチをする慣わしです。その近況報告で、難病のこの方は「私はいつこの世を終えてもおかしくない身ですが、毎日とても幸せです」と締めくくられ、それを聴いた出席者は深い感銘を与えられました。さきほどの結核患者は病気は癒やされましたが、救われませんでした。反対にこの方は、病気は癒やされていませんが、救われています。

主イエスを信じる者は誰でもこの救いにあずかります。自分の不運をかこつ万年床を畳み、起き上がって「私は不運な身の上でしたが、決して不幸ではなく、幸せな人生です」と輝いて生きることができるのです。

# 27.

## 叫びは祈り、祈りは叫び

イエスがそこからお出かけになると、二人の盲人が叫んで、「ダビデの子よ、わたしたちを憐れんでください」と言いながらついて来た。……そこで、イエスが二人の目に触り、「あなたがたの信じているとおりになるように」と言われると、二人は目が見えるようになった。イエスは、「このことは、だれにも知らせてはいけない」と彼らに厳しくお命じになった。しかし、二人は外へ出ると、その地方一帯にイエスのことを言い広めた。

マタイによる福音書9章27～31節

二人の盲人は「叫んで」います。信仰はなりふりかまわぬ叫びです。助けてもらうための最後の武器は叫びなのです。

家庭でも、子どもは泣き叫んで要求します。なりふりかまわない泣き叫びをします。その子どもの泣き声に長時間耐えられる人はいません。私たちはそのように造られているのです。もし子どもの泣き叫ぶ声が、いつまでも聞いていたい快いものであったらどうなるでしょうか。子どもはいつまでたってもお乳にありつけないかもしれません。母親は忙しいのです。快い泣き声を聞きながら、仕事の手を休めず、ついには赤ん坊のことを忘れ、ミルクを与えないかもしれません。

ゴスペル・クワイヤーのメンバーの友人がいます。その人は若い時から合唱団に加わっていたので、発声訓練を受けていました。ところがゴスペルでは「その美声ではゴスペルにならない」と言われ、いわば地声で歌えと言われたそうです。ゴスペルは黒人の魂の叫びです。「美声」で歌う歌ではないのです。

キング牧師が指導した黒人差別撤廃の運動の行動理念は「非暴力直接行動」でした。これもいわば叫び続ける運動です。指紋押捺反対運動もそうでした。区役所の前で、ただただ叫び、騒ぎ、区役所の職員を悩ませ続けたのです。そうされて区役所の職員は困るだろうとは知っていても叫んだのです。結局は政治が動き、廃止の方向に決定しました。歴史は武力や暴力によるよりもはるかに有効に、叫ぶことで動くことをキング牧師たちの「非暴力直接行動」は教えました。それは世界を変えた政治運動の手法だったのです。

この手法は韓国も、東欧も変え、ドイツも統一させ、ついに南アフリカのアパルトヘイトも撤廃させました。チュニジアでもエジプトでも変化が起こっています。祈りによる政治運動、叫びの政治運動が、血を流すことなく、世界を変えたと言えます。日本でも脱原発運動を起こすべきです。空腹の赤ん坊は泣き続けることでミルクを獲得するのです。

「憐れんでください」という盲人の叫びは、救いという人間回復を獲得しました。子どもが泣き叫ぶことで、母親がその求めに応じ、夜中でも目を覚まして乳を与えるように、神をして、私たちの叫びに耐えられなくする、それが信仰です。

お上品な信仰はないのです。

27日　叫びは祈り、祈りは叫び

# 28.

## 愛は愛とだけしか交換できない

あなたがたは地の塩である。だが、塩に塩気がなくなれば、その塩は何によって塩味が付けられよう。もはや、何の役にも立たず、外に投げ捨てられ、人々に踏みつけられるだけである。

マタイによる福音書5章13節

このたとえは隠喩と分類されます。すなわち、「塩」によって私たちの何がたとえられているのか特定されず、隠されているからです。したがって解釈する以外に理解する方法はなく、そのように理解することが許されています。

私は「塩」によって「愛」がたとえられていると解釈します。「塩」と「愛」とが、その性質においてよく似ているからです。

類似性その一。二つとも代替不能です。砂糖には代用品がありますが、塩にはありません。愛も同様です。フランス革命は近代理念の幕開けとなりました。あの革命では三つの理念が掲げられました。それは「自由、平等、博愛」です。「自由」を主たる社会原理にしたのが自由主義社会で、平等を主たる社会原理にしたのが社会主義社会です。自由も平等も、ある程度制度的保証ができます。

ところが愛だけは制度的保証ができません。あの分厚い六法全書には、憲法前文にある「平和を愛する諸国民」の一文を除き、「愛」という言葉は一回も用いられていないそうです。つまり愛は法律にも制度にもならないのです。強制することが不可能だからです。

愛は霊（精神）にのみ属し、何ものにも代替できず、愛は愛とだけしか交換できません。

類似性その二。二つとも少量で効き目があります。愛は押しつけがましくあってはなりません。塩も愛に似てさりげなさで表現され、自己主張をしません。さりげなく塩が用いられていれば塩気を感じさせずに味を引き立てます。塩は素材の生かし役に徹するし、徹しなければなりません。しかしたとえ少量であっても塩がないと「間の抜けた味」になります。物足りない味となり、人は初めて塩気が足りないと意識します。愛も同様です。愛がない人生はつまらない人生であり、物足りない人生です。反対に、塩が自己主張しすぎる食品は食べられたものではないように、押しつけがましい愛も人をうんざりさせます。

このように、注意深いグルメは、適切な塩加減に気づきます。梅干しを作るに際しても、よい塩梅《あんばい》が決定的意味を持ちます。

類似性その三。両方とも当たり前に有って気づかれにくいものです。その存在が忘れられやすいほど、愛はあまりにもさりげなく加えられています。愛への感謝は、自覚的精神の持ち主にのみ可能なのです。なぜなら、愛は気づきにくいからです。よく言われる諺に、「亡くなってから知る親の愛」があります。あまりにも当たり前に享受しているために、それがどれだけ有り難いもので、またなくてはならないものであったかが、失われるまで気づきにくいということを言い表しています。

水や空気も、あまりにも当たり前に、無償で与えられているので、なくてはならないかけがえのないものであるとは普段は意識しません。しかし災害などで水が失われると、命に関わるものであったことに気づきます。愛もあらゆる所にさりげなく存在します。そのことを自覚的に思い起こして「ありがとう」と感謝を言い表さねばなりません。

# 29.

## ユーモアは解毒剤

蝮の子らよ、あなたたちは悪い人間であるのに、どうして良いことが言えようか。人の口からは、心にあふれていることが出て来るのである。善い人は、良いものを入れた倉から良いものを取り出し、悪い人は、悪いものを入れた倉から悪いものを取り出してくる。言っておくが、人は自分の話したつまらない言葉についてもすべて、裁きの日には責任を問われる。

マタイによる福音書12章34～36節

主イエスは人間の言動を「倉」にたとえておられます。人には「倉」があって、その「倉」には「良いもの」と「悪いもの」とが両方詰まっています。言葉は「倉」から取り出され、それが「良いもの」だったり、「悪いもの」だったりするというのです。主イエスはその「倉」から「悪いもの」を取り出す人を「蝮《まむし》の子」と激しい言葉で批判しておられます。

「蝮の子」とまで指弾されているのは、福音書の文脈から推測すると、「偽善者」と主イエスが名指ししたファリサイ派の人々です。ファリサイとは「分離する者」という意味で、神の掟を遵守していると自他共に認める選良（選ばれた人）のことです。立派な言動を自負するこの選良たちの言葉には、蝮のように致死の毒があると主イエスは言われます。

「偽善」とは嘘が混ぜられた善です。どこにも嘘の証拠を残していません。しかし匂いでわかります。偽善が面倒なのは、嘘にだまされているのが偽善者本人で、自分が偽善の毒を混ぜているという自覚がないことです。

人は誰もがそこそこに偽善者です。ですから「倉」から「良いもの」を取り出す時、「悪いもの」も一緒に出してしまいます。それが人間の限界です。

偽善のギリシャ語の語源は「演じる」です。私たちは誰もが善を「演じて」いる面を持っています。私たちは大なり小なり「見栄っぱり」です。見栄が偽善を生みます。それを自らに「笑って」自覚しなければなりません。その自らを笑う行為を人は「ユーモア」と名付けました。自らを笑うことができる人は心に余裕がある人です。ユーモアは解毒剤なのです。しかし偽善者にはその余裕がありません。そこに蝮の毒があります。

偽善毒は「存在否定」に至ります。たとえば、親は、わが子がしてはならないことをした時、逆に、なすべきことをしない時、体面をはばかり、叱ったり、説諭したりします。それは毒ではありません。きっぱり叱ったり、説諭したりしてよいし、すべきです。ところが、いら立って「お前は一事が万事、こんな具合だ！　どうしようもない奴だ」と激しく嘆く時、そこには「一事が万事」とされて「どうしようもない奴」という存在否定がなされています。これが致死毒になるのです。「一事」を厳しく叱るのは良いし、叱るべきです。しかし、それを「万事」としてはなりません。

# 29日　ユーモアは解毒剤

# 30.

# 三億円の当選宝くじを捨てるな

イエスは、別のたとえを持ち出して、彼らに言われた。「天の国はからし種に似ている。人がこれを取って畑に蒔けば、どんな種よりも小さいのに、成長するとどの野菜よりも大きくなり、空の鳥が来て枝に巣を作るほどの木になる。」

マタイによる福音書13章31～32節

主イエスのこのたとえは「小さい」種が「大きく」なるというメッセージです。「天の国」はからし種のように限りなく無に等しいほどに「小さい」のですが、その内に秘められた生命は自ずから成長する力を秘めています。まさに生命神秘です。

野良仕事をしていて感動するのは、この神秘との出会いです。

信頼、希望、愛など霊（精神）に属することは、直接には計量できません。しかしこれらは一人ひとりの内側に存在し、人間関係の間に存在し、したがって共同体の中に埋め込まれていますし、埋め込まれているはずです。それが生命力です。ただし、生命はいとも簡単に殺すことができるという「危うさ」を伴っています。

ある大学から「いのちの尊さ」という主題で講演を頼まれました。依頼の狙いは自死予防です。そこで私は人間誕生の秘事を語りました。

「君たちが三億円の当選宝くじを拾ったとします。それを捨てたりしますか？　もちろんしないでしょう。ところが、自ら命を絶つことは当選宝くじを破り捨てるのと同じなのです。

卵子と精子の結合が生命誕生の秘事だということは君たちも知っているはずです。一個の卵子に向かって一億個の精子が子宮内を泳ぐのです。そして卵子に到着できた精子一個だけが生命になります。

ある日、私は車を運転しながらＮＨＫラジオを聴いていました。そうしたら、『精子が卵子にたどり着くまでの距離は、人間が太平洋を泳ぐ距離に匹敵します』ということが語られていました。私は初めて知って驚愕しました。日本列島の東海岸に日本の人口にほぼ匹敵する一億人が、横一列に並んで一斉に海に飛び込む情景を想像してみてください。米国西海岸に向かって泳ぎ、一人だけがたどり着き卵子に遭遇できた。それがボクであり、君たち一人ひとりです。宝くじどころではないでしょう」


学生たちは水を打ったように静まりかえって聴いていました。

これが命の秘儀、神秘です。主イエスが人間誕生の医学的秘儀をご存じだったわけではありませんが、種が「土の中」で成長していく生命神秘に感動しながら「天の国」に思いめぐらし、それを語られたのではないでしょうか。

生命はいたわり、大切にしなければ育ちませんし、育てなければ育たない性質を持っています。しかし同時に、生命とその成長は聖霊に所属していて、私たちが自在に制御できない性質があります。

私たちも永遠の生命に「あずかり、あやかる」ことによって育てられるのです。

# 31.

## その時「奇跡」が起こった

弟子たちは言った。「ここにはパン五つと魚二匹しかありません。」イエスは、「それをここに持って来なさい」と言い、群衆には草の上に座るようにお命じになった。そして、五つのパンと二匹の魚を取り、天を仰いで賛美の祈りを唱え、パンを裂いて弟子たちにお渡しになった。弟子たちはそのパンを群衆に与えた。

マタイによる福音書14章17〜19節

私は神学校四年の学部を終えて大学院に進む時、一年間休学して福岡県・筑豊の閉山炭坑地域の集落の一つ、「福吉」に住みました。子どもたちの育成を中心に奉仕活動をするためです。福吉は戸数八〇戸、住民二〇〇人ほどだったでしょうか。八割の世帯が生活保護世帯でした。炭坑時代には水道があったようですが、それも撤去されていました。

集落には二本の手漕ぎ井戸があり、そこで水を汲んで天秤で担いで帰り、生活用水にしていました。もちろん私もそれを一年間やったわけです。集落にはいろいろ切実な問題がありましたが、その一つがこの水問題です。八月と二月の渇水期には地下水が涸れ、水が貯まるまでバケツを並べて昼夜問わず順番待ちをしなければなりません。住民が積立てをして水道をつけようとしたことがありますが、お金が貯まったところで責任者が持ち逃げしてしまったということがあり、それも立ち消えていました。

復学間近の二月のことでした。一度、講師を招いて伝道集会をしたいと思い、村の親しい青年に相談したのですが「堅苦しい話は誰も聞きまっしぇん。やめとき」と一蹴されました。ところが、翌朝その青年がやって来て、「吉田敬太郎牧師を招けば、皆集まりますばい」と逆提案されたのです。吉田牧師は北九州の若松市長をしたことのあるバプテスト派の牧師です。この方の父親は吉田磯吉といい、筑豊では知らぬ人のいない大親分だった由。火野葦平の『花と龍』及び五木寛之『青春の門』のモデルです。

講師依頼に行くと、初対面にもかかわらず快く引き受けてくれました。当日公民館は村人で満杯。ただ男はみな一杯ひっかけて酩酊して現れ、雑然とした雰囲気です。いわゆる行儀のよい集会ではありません。しかし吉田牧師は意に介せず実にわかりやすく、おもしろく話をし、会衆も講談を聞くように「かけ声」とか「拍手」とかで応えていました。

その日の聖書がこの「パンの奇跡」だったのです。ある日、吉田牧師の所に面会者が訪れました。彼は「事業が破産して私は何もかも失い、死のうと思ったが死にきれず、教会が目に入ったので飛び込んできました」と訴えました。牧師は訴えを聴いた後、紙と鉛筆を持たせて尋ねました。「あなたの奥さんは?」「元気です」「『妻あり健康』と書いてください」「子どもは?」「三人いて元気です」「それも書いてください」と、このように、なおまだ持っているものを一つ一つ書かせていくと紙一杯になったのです。吉田牧師はこう言いました。「あなたは何もかも失ったと言いましたが、そうじゃないでしょう。すでに失ったもの、まだないものを数えればきりはなく、意気阻喪するばかりです。でも失ったものではなく、持っているものを数えてみよう。神さまはなお持っているものを用いて私たちを働かせてくださるのです」。

この話を聞いた時、会衆はやんやの喝采をしました。そして集会が終わったあと「奇跡」が起こったのです。いつも「大風呂敷」とあだ名された原口のおじさんが立ち上がって訴えました。「今日はいい話聞いたばい。水道の件ばってん、もう一度やってみんか」と。失敗したことではなく、今できることを数えてみようというのです。村人も冷笑しないでその話に乗り、明日朝、町役場に陳情しようとなったのです。そんなまとまり方をしたのは初めてです。翌朝、皆バケツをぶら下げてゾロゾロと町役場にデモをしました。時あたかも町長選挙の時で町長は驚いて対応し、「ようがす」と陳情を受けたのです。それから私は村の区長さんと一緒に、町長の紹介状を持って県庁に出向いて陳情しました。

私が復学して半年後、何と浄化槽を入れて水道ができたのです。最初の駒を動かしたのは吉田牧師のメッセージでした。この出来事は私に、言葉をもって立つ伝道者となる確信を与えてくれました。福音メッセージは「奇跡」を起こします。その力は語る私によってではなく、聖霊（神の気力）によって起こり、起こされてきました。

# あとがき

本書は、牧師であった父・山本将信の遺稿を集めたものです。日本基督教団西片町教会の月報（一九六九～一九九四）掲載の主日礼拝の説教要旨、及び、私信「おとづれ」（一九九八～二〇一九）掲載の日本基督教団篠ノ井教会における主日礼拝説教要旨から選びました。

「牧師はいいぞ、聖書一冊あればどこでも話ができる。ぼくは話をするのが大好きだから頼まれればどこでも喜んで行くよ」と言っていた父は、主日礼拝の説教のみならず、さまざまな場所で御言葉を語っていましたが、一方で文書も多く遺しました。今どきの「ブログ」のさきがけともいえる「牧会日誌」は、四〇年以上前、西片町教会在任中から週報の裏に印刷して公開を始め、また御言葉を綴ったハガキ「ことばの栞」を配布し続けました。渡米中は「花みずき便り」、岩村田教会時代には「信濃みすず便り」「聖書講話」、そして毎月私信として「おとづれ」を発行、晩年はＳＮＳ（Facebook）でも日記と「聖書黙想」を配信していました。

膨大な量の遺稿を読み、五〇年前から父の語っていたことは一貫して変わりなく、神へのゆるぎない信頼をあらためて深く感じることができました。講壇で語る姿だけではなく、日常の多くの方々との交わりの中での父の生活、人生そのものに、そしてガンの痛みと闘いながらの病床においてさえも、神の御言葉を語り、またイエスさまに倣って生きた、愛に満ちた父が思い出されます。

本書を発刊する機会をくださった日本キリスト教団出版局の伊東正道さんに深く御礼を申し上げます。森本二太郎さんのすてきな表紙写真、諸教会からの資料提供、カワラヒワの会メンバーの心強いサポート、そして遺稿集の完成を心待ちにしてくださった皆様の励ましとお祈りに支えられて発刊することができました。心より感謝いたします。

神さまの創られた世界をそして神をこよなく愛し、人を愛した父がとり継いだ神さまの御言葉が多くの方の心にとどきますように……。

カワラヒワの会代表　山本みづき

二〇二〇年一一月三〇日

**山本将信**（やまもと・まさのぶ）
MASANOBU YAMAMOTO
1937 年、鳥取県倉吉市生まれ。
1955 年、鳥取県・三朝結核療養所にてニール・ブラウン宣教師より受洗。
1967 年、東京神学大学大学院修士課程修了。日本基督教団西片町教会副牧師を経て、1969 年、同教会主任牧師。
1994 年、同教会を辞任。同年 4 月より M. L. キング牧師の足跡を訪ねて米国アトランタに滞在、本土 48 州を車で巡る。
1995 年、日本基督教団岩村田教会主任牧師。
2003 年、日本基督教団篠ノ井伝道所（後に篠ノ井教会）主任牧師。
2013 年、隠退。在任中より長野県佐久穂町にプロのアドバイスのもとログハウスをセルフビルド、定住。
2019 年、召天。

「山谷（やま）農場」「キング研究会」等の活動を主宰。
訳書にゴルヴィッツアー著『神われらと共に』、共訳に朴炯圭著『解放への巡礼』、共著に『心の病いとその救い』（以上新教出版社）。妻・山本愛子との共著に『アメリカをたぐる』（ハイネ社）がある。

装幀・熊谷博人
カバー写真・森本二太郎

聖書黙想 31 日
**風は思いのままに**

2020 年 12 月 14 日発行

著　者　山　本　将　信
発行所　日本キリスト教団出版局
〒 169-0051　東京都新宿区西早稲田 2-3-18
電話・営業 03（3204）0422、編集 03（3204）0424
http//bp-uccj.jp/
印刷・製本　三松堂

ISBN978-4-8184-1074-9 C0016　日キ販
Printed in Japan